サイエンスで読み解く古代史ミステリー

最終結論

邪馬台国は阿波だった！

越智正昭

リベラル新書

はじめに

長い年月を経てもなお、いまだ解明されていない謎の部分が多く残されている古代史の世界。そのぶん想像する余地がいくつもあり、「こうだったのかもしれない」とあれこれ思いを馳せる楽しさがあり、人々に大いなるロマンを感じさせてくれる世界です。

中でも日本の古代史最大の謎は、女王卑弥呼《ひみこ》が治めたと言われる邪馬壹国《やまたいこく》ではないでしょうか。神話の時代から連合都市国家・倭国を経て大和王権へ、そして律令国家・日本国へと変貌を遂げていく我が国の歴史にとって、邪馬壹国の謎の解明が持つ意味合いは極めて大きく、また、古代史に関心のある人たちのロマンを掻き立てるものにもなっていると思います。

この邪馬壹国の謎、特に邪馬壹国のあったであろう場所の比定は江戸時代中期の国学者新井白石《あらいはくせき》に始まり、実に多くの著名な専門家の先生方が携わり、300年以上にわたって侃々諤々《かんかんがくがく》の議論が行われてきたにも関わらず、いまだにその謎の解明ができていません。

その要因として、**文献の調査・解釈主体、特に時の権力者に関する調査主体というこれまでのアプローチにそもそも問題がある**のではないか……と私は思っています。

私はDX（Digital Transformation）を専門にしているのですが、DX関連の講演などを依頼された際には、いつも「DX推進の鍵は変革・改革を阻害する5大疾病との終わりなき闘いである！」という言葉で締め括っています。

その5大疾病とは、**①過去の成功体験からくる「驕《おご》り」、②市場動向・顧客ニーズの変化に対する「鈍感さ」、③自己中心的な「供給者発想」、④過去の経験や常識・通説に縛られた「思考停止」、⑤軋轢を避けた中途半端な妥協主義**……の5つです。

この5大疾病との闘いは歴史学の世界にも当てはまることではないか……と私は思っています。特に④過去の経験や常識・通説に縛られた「思考停止」。すなわち、**これまで思い込んでいた通説や常識を疑い、一度自分の頭で冷静になって論理的に考え**

はじめに

てみようということです。誤解のないように言っておきますと、これまでの通説や常識を否定しろとは言っていません。あくまでも疑ってみようということです。それにより、これまでとは異なるまったく新しいアプローチによる解釈も見えてきて、古代史の謎の解明に少しでも近づくことができるのではないかと考えました。

私は歴史学者でも考古学者でもありません。気象や地象という自然事象に長く関わってきたITエンジニアです。その経験において地域防災、特に自然災害が起きた過去の記録を調査していくうちに、**地形や地質、気候、自然災害の痕跡といった疑いようのない事実から、論理的に当時のことを推察してみる「サイエンス」**という観点からのこれまでにない新たな手法を編み出しました。特に注視したのは、当時、邪馬壹国にいた人々の暮らしでした。

本書が今後の皆様の古代史の謎の解明に少しでも参考になれば、嬉しく思います。

越智正昭

サイエンスで読み解く古代史ミステリー
最終結論 邪馬台国は阿波だった！／目次

はじめに　3

序章 理系の歴史学とは

0次史料とは……………14

第1章 すべては魏志倭人伝をどう解釈するか

魏志倭人伝とは何か？……………20
3つのパートで構成される魏志倭人伝……………24
第1部「倭国までの行程と倭国を形成する国々」……………25

第2部「倭国の風俗」……… 27
第3部「倭国の政治と外交」……… 28

第2章 邪馬壹国北部九州説・畿内説を考えてみる

魏志倭人伝から行程を読み解く（一般論）……… 32
論理的に破綻している九州説・畿内説……… 34
北部九州説と畿内説の根拠は？……… 40

第3章 「理系の歴史学」で読み解く魏志倭人伝 邪馬壹国までの道①

～狗邪韓国から投馬国まで～

「邪馬壹国阿波説」という仮説を証明する……… 48

縄文時代の地形……48
「関門海峡」という障壁……55
投馬国の場所……59
〝地乗り航路〟により投馬国へ……61
遺構・遺物が物語る、かつての投馬国の規模……64

第4章

「理系の歴史学」で読み解く魏志倭人伝 邪馬壹国までの道②

～「水行十日陸行一月」の謎解き～

四国の地形……76
プレートの巨大な力と褶曲山脈……80
世界的にも稀な四国の地質構造……82
三波川変成帯の地質……84

秩父帯の地質……85
四万十帯の地質……86
領家変成帯の地質……87
四万十川という障壁……89
「黒潮」の脅威……95
古代四国の幹線道路……97
褶曲山脈の稜線に道が延びていた可能性……101
上黒岩岩陰遺跡……103
猿楽遺跡……105
山岳地帯に集落の遺跡がある謎……107
邪馬壹国比定の重要な鍵を握る猿楽遺跡……111
邪馬壹国の官（役人）の名前……112
倭国は会稽東治の東にある……114

第5章 魏志倭人伝に記された決定的証拠の数々

倭国を形成する国……120
狗奴国の位置……121
邪馬壹国消滅の謎……124
古墳開発は残土処理のため？……127
奴国の位置……129
「夢の国」を奈良に……131
超巨大地震をきっかけに集団移住……133
藤原京造営の謎……138
藤原京遷都以前の首都は「阿波国」？……140
女性の髪形……149
気候変動からの考察……151
土器の発明……156

鬼界カルデラの大噴火……162
DNAで迫る現代日本人への道……165
五穀の原産地……168
様々な技術の伝来……172
植生からの考察……177
魏志倭人伝に書かれている綿とは……182
鉱物資源からの考察……187
鉄……188
青銅……208
空白の150年に関する仮説……219
青玉と丹……224

第6章 地政学的見地からの考察

倭国は同盟関係を結ぶに値する国……………236
倭国は魅力的な交易相手……………246
当時の倭国は進んだ法治国家……………253
倭国は優れた技術を保有する国……………255

終章 結論 邪馬壹国は阿波にしかありえなかった

剣山の麓、神山町という答え……………266

おわりに 272

購入特典 YouTube 動画
越智正昭×ヤマモトタケルノミコト「最終結論 邪馬台国は阿波だった！」／対談 越智正昭×ANYAチャンネル 276

著者プロフィール 278

序章

理系の歴史学とは

0次史料とは

過去に存在した事象を把握し、筋道を立てるために役立つ材料を「史料」と呼び、一般的に歴史の研究はこの「史料」にもとづき行われます。

史料は歴史家が歴史を研究・記述する際に用いるもので、紙に文字で書き記された文献、考古学上の遺構・遺物・遺跡、イメージ史料となる絵画、写真、オーラル・ヒストリー、伝承などを含みます。その史料は、一次史料と二次史料に分類されます。

一次史料とは、当事者がその時々に遺した手紙、文書、日記などで、記述対象の観点から言うと、「その時に（When）」「その場で（Where）」「その人が（Who）」の3要素をすべて充たした文献になります。

二次史料は第三者が記した物や、後の時代に書かれた記録などが該当します。もちろん一次史料は信憑性《しんぴょうせい》が高いものが多いのですが、必ずしも正確というわけでもありません。日記や手紙は、主観的で偏った記述であることも多く、歴史知識の乏しい人間が偏向した一次史料の記述を直接読めば誤った情報を得ることにもなりかねません。また、二次史料は一般には一次史料よりも正確性や重要性が劣りますが、必ずしも信頼性に乏しいとは限りません。

一方、この一次史料や二次史料とは別に、**「0《ゼロ》次史料」とも言うべき貴重な史料**が存在します。それが地形や地質、土壌、気候や気象といった自然環境の記録、さらには地震や火山噴火、大雨による河川氾濫など自然災害が発生した痕跡です。近年、科学技術の発展により、古代まで遡っての自然事象や自然災害の記録が徐々に明らかになってきています。

私は15年間気象情報会社の代表取締役社長を務めた経験を通して、**「世の中の最底辺のインフラ（社会的経済基盤）は地形（地質や海流なども含む）と気象（気候・地震や火山噴火等の地象を含む）、すなわち自然である」**という基本的考え方を持っています。

この**地形と気象がその土地に住む人たちのすべての営みに大きな影響を与え、その**

場所その場所の経済や社会、さらには文化や歴史でさえも、すべてはこの地形と気象をベースとして成り立っています。

1970年代、アメリカ合衆国の国務長官として当時のリチャード・ニクソン大統領、ジェラルド・フォード大統領を支え、泥沼状態に陥っていたベトナム戦争からアメリカ合衆国の撤退を決めたパリ平和協定での功績によりノーベル平和賞を受賞したヘンリー・キッシンジャー氏の言葉に、「その国のことを知りたければ、まずその国の地理と気象を学べ」という名言があります。キッシンジャー氏は、政治学と物理的環境（自然環境）との間の相互関係から、その土地や領土とそこに暮らす住民や人口、産業構造等との繋がりを研究する政治地理学に強い関心を持っていた国際政治学者でもあり、メディアで初めて「地政学」という言葉を使った人物としても知られています。これまでの日本の歴史研究では、この地政学の側面からのアプローチが決定的に欠けているように思います。

地理や地形、地質、気候、気象、火山噴火、地震などの自然環境という疑いようの

ない〝事実〟から、論理的思考（Logical Thinking）で歴史の謎の解明を行おうとするアプローチを、私は「理系の歴史学」と称しています。

私が「理系の歴史学」を始めるきっかけになったのが、前述のヘンリー・キッシンジャー氏の名言を知ったことでした。土木技術や建築技術、輸送技術など様々な技術が現代ほど発達していない古代においては、人々の営みにおいて自然環境の影響がより大きかったのは間違いのないことで、当時の地形や地質、気候などの自然環境がどういうものであったのかから始める「理系のアプローチ」が、古代史の謎の解明への近道であり、王道であるのではないかと思っています。

その「理系の歴史学」の第一弾として、日本の古代史最大のロマンとも言える「魏志倭人伝」に登場する「邪馬壹国《やまたいこく》」の謎に迫ってみました。邪馬壹国があった場所に関しては、江戸時代中期の元禄年間に江戸幕府を代表する国学者の一人、新井白石が最初に取り組んで以来、300年以上の長きにわたり多くの歴史学者が挑戦してきて、いまだ解明できていない日本の古代史最大の謎とされています。その日本の古代史最大の謎に、これまでとは全く異なる自然環境からのアプローチで迫ってみました。

第1章

すべては魏志倭人伝をどう解釈するか

魏志倭人伝とは何か？

日本の古代史最大のロマンとも言える謎は「邪馬壹国《やまたいこく》」とその国の女王「卑弥呼《ひみこ》」。誰でも一度は邪馬壹国や卑弥呼に心惹かれたことがあるのではないでしょうか。特に、邪馬壹国のあった場所に関しては、長い間議論が繰り返されていますが、その結論はいまだ出ていません。現在は北部九州説と畿内説が有力とされていますが、その**論争のもとになっているのが「魏志倭人伝」という中国の文書に残された邪馬壹国についての記述**です。私はこの日本の古代史最大のロマンとも言える邪馬壹国がどこにあったのかの謎について、〝理系の歴史学〟のアプローチで挑んでみました。

まずは基本に立ち返り、「魏志倭人伝」とは何かから始めましょう。「魏志《ぎし》」とは、今から1800年ほど昔、中国にあった魏《ぎ》という国の歴史書のことです。魏は三国志演義の出てくる曹操が初代皇帝を務めた国です。また、「倭人《わじん》」とは倭《わ》の国の人、すなわち当時の日本人のことです。

その『魏志倭人伝』ですが、そもそも『魏志倭人伝』という書物があるのかというと、実はそうではありません。「魏志倭人伝」は魏（初代皇帝：曹操）・蜀（初代皇帝：劉備）・呉（初代皇帝：孫権）の三国の間で中国の覇権を争った三国時代について書かれた歴史書『三国志』の中で、魏の国のことについて書かれた「魏書」、さらにその中の第30巻『烏《う》丸《がん》鮮《せん》卑《ぴ》東《とう》夷《い》伝《でん》』の一番最後に書かれている「倭人条」の日本での呼び名です。『烏丸鮮卑東夷伝』は魏と交流のあった周辺諸国やそこに暮らす人々について書かれていて、烏《う》丸《がん》、鮮《せん》卑《ぴ》、夫《ふ》餘《よ》、高《こう》句《く》麗《り》、東《とう》沃《よく》沮《そ》、挹《ゆう》婁《ろう》、濊《わい》、韓《かん》、倭《わ》の順番に登場し、夫餘以降が東夷、すなわち、中華世界の東の外側に居住していた諸民族のことを指しています。

その中でも極東の島国である倭（日本）についての記述は一番最後に登場してきます。つまり、「魏志倭人伝」は三国志のほんの一部に書かれた文章だということで、文字数はわずか2千文字程度しかありません。

しかし、この約2000字という文字数は、実は破格の扱いの分量なのです。前述のように『三国志』は魏国から出た司馬炎（武帝）によって建てられた西晋《せいしん》が、魏・蜀・呉の中で最後まで残った呉を滅ぼして、後漢末期以降分裂していた中国を100年振りに統一した後の西暦280〜290年にかけて、西晋の「正史」として編纂されたものです。『三国志』は西晋の陳寿《ちんじゅ》という官僚が、実際に魏国から倭国（現在の日本）に行った人（おそらく魏の出先機関である帯方郡《たいほうぐん》の役人か）の話を聞き、それをまとめて記しました。魏志倭人伝の中には「〇〇（当時中国にあった地名）に似ている」とか「（中国における）〇〇のような風習である」というような感じの文章がいくつか出てきます。そのことから、あくまでも魏国（中国）の人が見た倭国（日本）の姿なので、倭国（日本）に対する偏見や先入観がある程度入った文章であることは否定できません。

また、事前に記録を残すように指示されて書かれたものというわけではないので、移動した方角や距離に関しても結構大雑把でザックリしたものだと捉える必要があります。しかしながら、この「魏志倭人伝」には、魏国の植民地で朝鮮半島北部に当時あったと思われる帯方郡から邪馬壹国に至るまでの道程と、邪馬壹国の様子がかなり克明に記されています。

『三国志』は西晋の「正史」、すなわち、西晋国という国家によって公式に編纂された西晋王朝の歴史書です。「正史」である以上、そこには、西晋王朝が正統と認め、対外的に主張し、また国内的にも自国民の教育に使うための自国の政治の流れがまとめられています。「正史」という名称から「正しい歴史」の略と考えられがちですが、実際には事実と異なることも記載されていることが多々あります。理由は、「正史」はたいていの場合、一つの王朝が滅びた後、次代の王朝に仕える人々が著したものであることがほとんどで、新しい王朝の正統性を過度に主張したいあまり、真実の歴史から都合が悪いところを削除したり、粉飾したりすることがあるからです。『三国志』も「正史」である以上は間違いなくそのような部分はありますが、『三国志』の中の魏国と倭国の関係について書かれた部分に関しては、西晋の王朝としての正統性を脅かすような部分がほとんど含まれていないことから、粉飾されたり改竄されたり忖度していたりする部分は比較的少ないのです。

また、「正史」として対外的に主張するということは、西晋国以外の国の人も読むことがあるわけで、西晋国の公式歴史書である以上、西晋国の王朝としての面目もあることから、倭国をはじめ周辺国に関して書かれている部分の内容の信頼性は比較的高いのではないでしょうか。

3つのパートで構成される魏志倭人伝

「魏志倭人伝」は、次の3部構成で大まかに作られています。（タイトルは便宜的に著者が付けたもの）

第1部「倭国までの行程と倭国を形成する国々」

第２部「倭国の風俗」
第３部「倭国の政治と外交」

それぞれのパートで何が書かれているのか、詳しく見ていきましょう。

第１部「倭国までの行程と倭国を形成する国々」

「魏志倭人伝」の中で〝邪馬壹国〟という国名が登場するのは、冒頭の第１部「倭国までの行程と倭国を形成する国々」の項の１ヶ所のみで、他は〝女王国〟という表現になっています。この「邪馬壹国」は陳寿による漢字の当て字で、もともとは「ヤマタイ」ではなく「ヤマト」。当時は「ヤマトィ」に近い発音で呼ばれていたので、この漢字を当てはめたのではないか……と推察できます。もしそうであるなら、**「邪馬壹国」は今の日本国家に繋がる「ヤマト国」、すなわち大和朝廷の源流と言えるので**

はないでしょうか。「ヤマタイコク」に関しては「邪馬台国」と漢字表記されるのが一般的です。「魏志倭人伝」の原本は現存していないのですが、「魏志倭人伝」を含む『三国志』が描かれた三国時代の一つ前の後漢期（西暦25～220年）に関する紀伝体の史書に『後漢書《ごかんじょ》』があります。この『後漢書』が完成したのは『三国志』の編纂が完成したと推定される時期より150年ほど後の西暦432年とされています。この『後漢書』の後漢末期の記述に関しては『三国志』と重なる部分が多く、その中に書かれた「東夷伝」の中の倭国の記述も、『三国志』の「魏志倭人伝」と重なるとされています。言ってみれば、『三国志』・「魏志倭人伝」の最も古い写本の一つと考えられています。

その『後漢書』の中では「ヤマタイコク」は「邪馬臺國」と表記されており、この「邪馬臺國」という表記が正しいのではないか……という説が有力視されています。〝臺〟を現代の常用漢字で表記すると〝台〟になるので、現代では一般に「邪馬台国」という漢字表記が広く使われています。

一方、魏志倭人伝のすべての写本・版本には、「邪馬臺國」ではなく「邪馬壹國」と表記されています。この〝壹〟は〝壱〟と同じく数字の〝1〟を意味します。このため「邪馬壱国」と表記されることもあり、読み方も「ヤマタイコク」ではなく「ヤマイチコク」だったのではないか……という説もあります。

じつはこの「ヤマタイコク」の国の漢字表記は正しくはどうであったのかを議論するだけでも侃々諤々の議論になりますので、本書では無用な混乱を避けるため、「魏志倭人伝」のすべての写本・版本に使われている「邪馬壹国」という漢字表記をあえて使わせていただきます。

第2部「倭国の風俗」

第2部「倭国の風俗」には邪馬壹国がどういう国であったのかが詳細に書かれています。その中に邪馬壹国の場所に結び付きそうな重要なキーワードがいくつか散見されます。これに関しては後ほど詳しく解説させていただきます。

私は最初にこの第2部「倭国の風俗」の部分を読み、ある程度邪馬壹国の位置を類推し、それから次に第1部「倭国までの行程と倭国を形成する国々」を読んで、邪馬壹国がどこにあったのかという核心に迫るというアプローチを取りました。ゴールさえ確定できれば、スタートポイントは明確なので、簡単に読み解けます。これも〝理系の歴史学〟の発想です。

第3部「倭国の政治と外交」

「卑弥呼」という倭国の女王の名前が登場するのは、最後の第3部「倭国の政治と外交」の項です。「卑弥呼」は漢字による当て字に過ぎず、漢字にはさほどの意味はなく、陳寿が「ヒミコ」に似た響きを持つ漢字を適当に当てはめただけの呼称だと思っています。また、ここには「景初2年」という年号が出てきます。この「景初2年」とは、調べてみると西暦238年のこと。「魏志倭人伝」は西暦280〜290年代にかけて編纂されたものなので、書かれた時から40〜50年ほど前の倭国のことを書いたものということになります。時代が近く実際に魏から倭国（邪馬壹国）に行った役人の体験や見聞に基づいたことがほとんどなので、信憑性《しんぴょう》はかなり高いのではないかと考えられます。

さらに、魏と倭国（邪馬壹国）の役人の往来がその後の約10年間で5回もあったというほど濃密なものであったことが読み取れ、国交が断絶されたという記述もないので、その後も引き続き両国の役人の往来は続いていたのではないかと思われます。

くわえて、倭国の女王・卑弥呼は狗奴国《くなこく》の男王・卑弥弓呼《ひみくこ》と不和でいざこざを繰り返し、卑弥呼の死後、国内で大きな騒乱が起きたにも関わらず、魏国は愛想をつかさず、倭国との国交を保ち、応援をし続けていたということは、**魏国にとって邪馬壹国を中心とした倭国はよっぽど魅力的な国だった**ということが窺えようかと思います。

第2章

邪馬壹国北部九州説・畿内説を考えてみる

魏志倭人伝から行程を読み解く（一般論）

さて、いよいよ問題の邪馬壹国はどこにあったのか……に話題を移します。江戸時代中期の元禄年間、日本の古代史最大の謎ともいえる邪馬壹国の位置の解明に最初に取り組んだのが、江戸幕府を代表する国学者の一人、新井白石でした。新井白石は魏志倭人伝を読み解き、方位や距離をあえて無視して、書かれた地名の読み方だけを頼りに場所を特定するというささか乱暴な手法で邪馬壹国の場所の比定を行いました。新井白石の著書『古史通或問《こしつうわくもん》』は日本で初めて本格的に邪馬壹国の場所を論じたものとして有名ですが、それによると、邪馬壹国の場所は大和国《やまとのくに》（現在の奈良県）であると主張しています。これが現在の畿内説（近畿地方説）に繋がります。

しかし、後年、新井白石は筑後国（現在の福岡県）に山門《やまと》（現・みやま市）という地名を発見したため、今度は北部九州説を立ち上げます。以後300年、新井白石の立てた地名の読み方だけを頼りとしたこの2つの説を基に、様々な人たちが多種多様な推理を繰り広げ、一大論争の輪を広げていきました。

邪馬壹国の大まかな位置とそこまでの行程については、魏志倭人伝で筆者が便宜的に名付けた「第1部　倭国までの行程と倭国を形成する国々」の項に書かれています。文中で、距離の単位として〝里〟が出てきます。日本で一里をメートル法に換算すれば約4キロですが、中国の一里はそうではありません。現在の中国の一里は約500メートルです。しかし、古代中国の一里はもっと短く、後漢の時代の一里（長里）は約415メートル、秦の時代の一里（長里）は約400メートルだったと言われています。曹魏の時代には一里＝75メートルまたは95メートルという短里という単位も使われていたようで、時代によって異なっています。

日本の九州と朝鮮半島との間の海峡幅は約200キロ。海峡上には対馬《つしま》と壱岐《いき》という比較的大きな2つの島があり、日本では対馬を境界にして「朝鮮海峡」（対馬と朝鮮半島の間）と「対馬海峡」（対馬と壱岐の間）の大きく2つの水道に分けて呼ぶことが一般的です。

魏志倭人伝では、朝鮮半島南岸の狗邪韓国《くやかんこく》と対海国《つかいこく》（対馬）の間の距離を千里あまり、対海国（対馬）と一大国《いちたいこく》（壱岐）の間の距離を千里あまりと書いてあるので、これは短里での距離ということのようです。すなわち、百里で約7・5〜9・5キロ、千里で約75〜95キロということになります。正確に測量していたわけではないので、距離に関してはこの1里＝75メートルもしくは95メートルという短里を目安にアバウトに読み解けばいいわけです。ここでは計算がしやすいように間をとって一里＝80メートルで計算してみることにしました。

論理的に破綻している九州説・畿内説

ここの冒頭には「倭人は、帯方郡の東南の大海の中にある。山の多い島の中に、身を寄せ合うように国や村を形成している。もとは百余国であった。漢の時代に中国に朝見する者があった。いま、交流が可能な国は、三十ヶ国である」と書かれています。「倭国は東南の大海の中にあり、山の多い島である」、これはまさに日本列島の特徴ですね。そして、都市国家のように小さな単位で独立した国がいっぱいあり、その中の1つに卑弥呼を女王とする邪馬壹国があったということのようです。

次に、倭国に行くには朝鮮半島の南岸にあった「狗邪韓国」から海を渡り、そこから南東に進むと千里（約80キロ）あまりで「対海国」に着くと書かれています。「近寄りがたい絶海の孤島であり、広さは4百里（約32キロ）四方あまりである」とあり、この対海国はもちろん現在の対馬のことで疑いようがありません。そして海を南にさらに千里（約80キロ）あまり進むと「一大国」です。この一大国も「三百里（約24キロ）四方の広さがあり、竹や草むらや林が多く、三千戸くらいの家がある」とのことから、壱岐島のことで間違いないでしょう。ここも疑いようがありません。ですが、ここからが徐々に謎に包まれていきます。

さらに海を千里（約80キロ）あまり渡ると「末盧国《まつらこく》」に至ると書かれています。一般的には、この末盧国は佐賀県北部の松浦半島の周辺だと考えられています。これは「まつら」と「まつうら」という地名の読み方が似ていることが最大の根拠になっているようです。

松浦半島の東側の付け根にあたる部分には佐賀県唐津市があります。この唐津市には日本最古の水稲耕作遺跡とされる菜畑《なばたけ》遺跡や、久里双水古墳をはじめ合計10基の前方後円墳など、古代の重要な文化財が多数発掘されています。

しかし、倭国（日本国）の玄関港で、4000戸あまりの戸数の当時としては大規模な都市だったと魏志倭人伝に記されているわりには、いく分地味ですし、それ以外にこれという明確な論理的根拠に乏しく、**末盧国を松浦半島だとすることにはちょっと無理があるような感じがします。**どこに無理な感じがしているのかというと、「距離の表現」においてです。朝鮮半島南岸から対馬までの朝鮮海峡の幅は約80キロ、対馬から壱岐までの対馬海峡の幅も約80キロですので、短里で考えると「千里あまり」という表現も間違っていないように思えますが、壱岐から松浦半島まではほんの20キロほどしか離れていなく、短里での表現をするならば「二百五十里あまり」ということになります。

加えて、九州の西方沖から対馬海峡を通って西から東へ日本海に流入する「対馬海流」という暖流の存在があります。対馬海流は通常で1ノット（時速2キロ弱）、最大で3ノット（時速約5・5キロ）ほどの大きな潮の流れで、エンジンの付いていない当時の船では東方向に大きく流されてしまい危険な航海となります。壱岐島から松浦半島へは、その対馬海流に逆らうようにやや西に向かって進む必要があるため、かなり無理があります。魏志倭人伝を原文で読み返してみた時に、ここがこの一般的に唱えられている行程説に対して感じた大きな違和感でした。

次に、この末盧国から陸路を東南に五百里（約40キロ）進むと「伊都国《いとこく》」に着くと書かれています。これは現在の福岡県糸島市周辺だと考えられています。〝伊都〟と〝糸〟、読み方が似ていることに加えて、糸島市ではドルメンと呼ばれる朝鮮半島に多く見られる形式の墓の遺跡や遺構をはじめ、多くの古代遺跡が見つかっていることも大きな根拠の1つになっているようです。その「伊都国」からさらに東南に百里（約8キロ）進むと「奴国《なこく》」です。これは現在の福岡県北部地方だと考えられています。春日市などでは3世紀頃の遺跡が数多く見つかっていて、その周辺には「那《な》の津《つ》」や「那珂川《なかがわ》」など〝な〟が付く地名の場所があることが根拠とされています。その奴国から東に百里（約8キロ）進むと「不弥国《ふみこく》」です。これは現在の福岡県糟屋郡宇美町《かすやぐんうみまち》のことではないかとされていますが、名前が少し似ている以外の明確な根拠は何もありません。一応、不弥国の王墓ではないかともいわれる前方後円墳が発見されていますす。このあたりから徐々にあやしくなっていき、次の「投馬国《とうまこく》」で完全にわからなくなってしまいます。

というのも、不弥国から投馬国に行くには、南に水路を20日進むと書かれていますが、もし不弥国が一般的に考えられているように現在の福岡県宇美町だとすると、完全に論理破綻を起こしてしまうのです。宇美町は内陸部に位置し、海に面してはおらず、宇美町を流れる大きな川もありません。そのため、水路とは結びつきません。も

邪馬壹国までの行程（一般論）

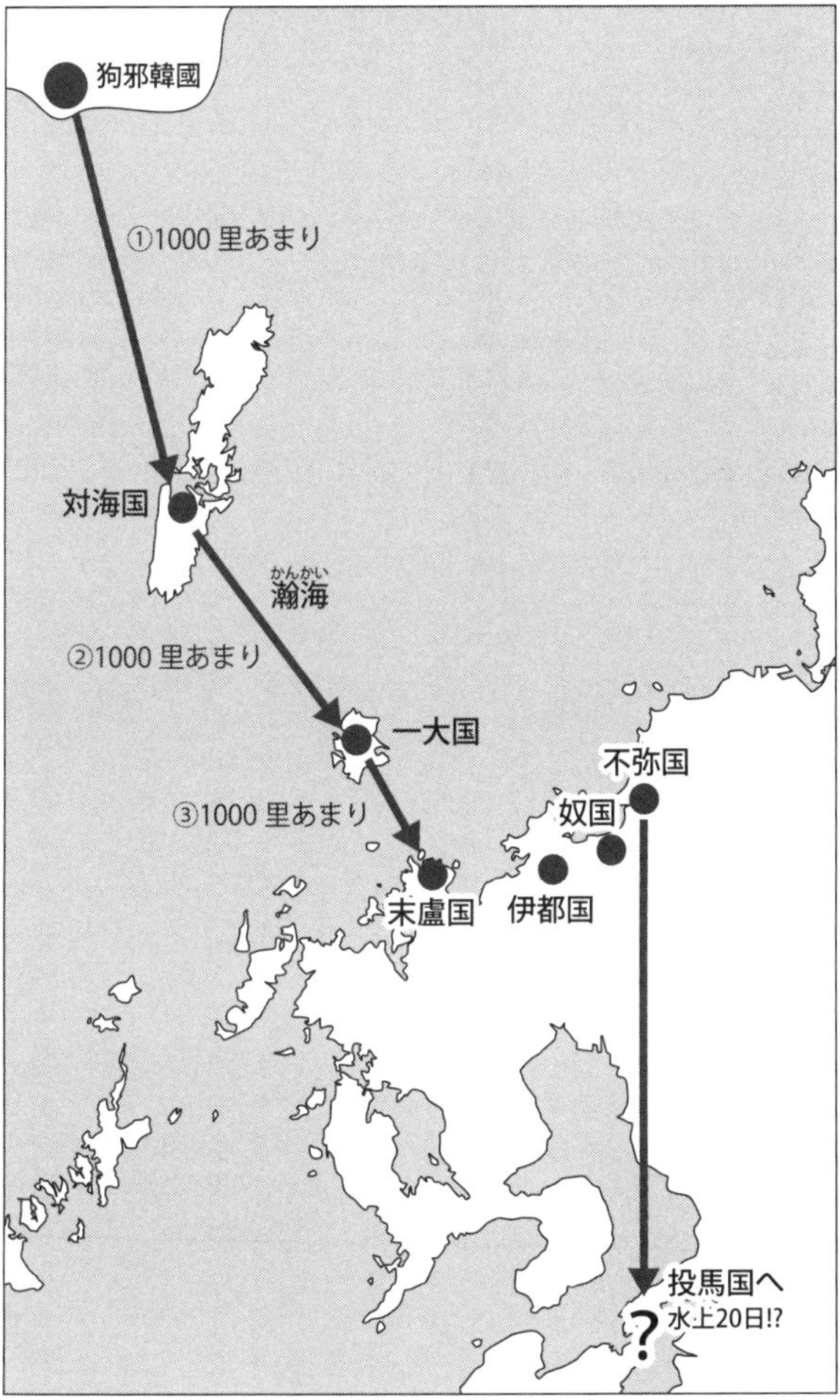

し宇美町あたりから強引に水路を20日南に進むとしたら、投馬国は鹿児島よりもはるかに南の海の上ということになります。

そして投馬国の次が、いよいよ「邪馬壹国」になるのですが、さらに謎が深まる展開になります。なんと、投馬国からはさらに南に水路を10日、陸路を1ヶ月行くと書かれているのです。鹿児島よりはるか南の海の上に陸路を1ヶ月行くような大きな島（陸地）はありません。

北部九州説と畿内説の根拠は？

邪馬壹国の場所について一般的に知られている学説としては、前述のように北部九州説と畿内説の2つがあります。どちらの学説も不弥国《ふみこく》までの行程はほぼ同じで、そこから先の解釈が違っているわけです。それぞれの説の主張はこんな感じです。

北部九州説

①魏志倭人伝に書かれているものに似た特徴の棺がたくさん出土している。
②不弥国から投馬国までの「水路を二十日」、投馬国から邪馬壹国までの「水路を十日、陸路を一月」という表現はスタートした韓国南部の狗邪韓国から邪馬壹国までの合計距離であると考えると矛盾しない。
③末盧国、伊都国、奴国などはほぼ間違いなく九州北部にあったと思われる国なので、邪馬壹国もこの付近にあったはずである。

畿内説（近畿地方説）

①魏志倭人伝には倭の女王に百枚の銅鏡を贈ったと書かれていて、近畿地方では九州よりも多い数の大量の銅鏡が見つかっている。
②魏志倭人伝に書かれている不弥国から投馬国までの方角に誤りがあり、「水路を南に20日」を「東に20日」に訂正すると、ちょうど瀬戸内海を通るようなルート

になり、場所的に合致する。

③邪馬壹国が、近畿地方に4世紀頃に登場する大和朝廷と繋がっていると考えると自然である。「ヤマタイ」と「ヤマト」も語感が似ている。

この北部九州説と畿内説ですが、理系を専門としている人間から見ると、どちらの説も論理性が感じられず、強引にこじつけているといった印象です。

北部九州説は、「不弥国から投馬国に行くには、南に水路を20日進む」のところで決定的な論理破綻を起こしています。北部九州説の根拠の②の「水路を十日、陸路を一月」という表現がスタートした韓国南部の狗邪韓国から邪馬壹国までの合計距離だとするならば、途中の不弥国から投馬国までの「水路を二十日」に関する部分が欠落します。

次に、畿内説のほうも微妙です。特に畿内説の根拠の②、これはかなり怪しいです。もしその通りだとすると、せっかく末盧《まつら》国（松浦半島?）に船で着いて九州に上陸し、陸路を7百里（約60キロ）も東に進んできたのに、そこで再び船に乗り換えて東に20日進む……ということになり、その意味の説明がまったくつきません。それなら一大国《いちたいこく》（壱岐）から船でそのまま東に進んだほうがよっぽど合理的です。いったん積荷を下ろして、荷車等に積み替えて、しんどい思いをして陸路で運び、また再び不弥国で船に積み込むという、面倒なことをするための明確な理由が必要なのに、その納得できる説明が全くなされておりません。

また、方角に誤りがあるというのも疑問です。中国の測量史に詳しいアジア航測株式会社の今村遼平氏によると、中国は測量や地図作成の分野では、清《しん》代の乾隆帝《けんりゅうてい》（1711〜1799年）の時代までは、世界のトップを走り続けてきたのだそうです。中国の歴史は紀元前17世紀頃から記録が残されていますが、それ以前の先秦《せんしん》時代（紀元前26世紀〜221年）からすでに測量というものが行われていた可能性があるのだそうです。秦や漢の時代（紀元前221〜紀元220年）になると測量が盛んになり、それを基礎に世界文化遺産、世界自然遺産、世界灌漑施設遺産という3つの「世界遺産」に登録されている四川省の都江堰《とこうえん》や、陝西省の西安市近郊にある兵馬俑《へいばよう》で有名な秦の初代皇帝始皇帝の陵墓、さらには広西チワン族自治区の桂林市に現存する秦の始皇帝が築いた全長33・1キロの山岳越えの運河である霊渠《れいきょ》の建設といった大々的な土木工事が行われました。この時代には多くの兵書が作られたのですが、それらには地図が付けられていたことが史書には記されているそうです。当時、これらの測量・地図作成の基礎となる測算は体系化され、中国独自のピタゴラスの定理を巧妙に使った数学書『周髀算経《しゅうひさんけい》』や『九章算術《きゅうしょうさんじゅつ》』が広く使われていました。

地震計を考案したことで知られる後漢時代（西暦25～220年）の自然科学者で天文学者でもある張衡《ちょうこう》は、地図表現に現在のような方眼法（方格法）を取り入れる手法をすでに確立していました。魏志倭人伝を含む三国志で記されている時代（魏呉蜀の三国時代：西暦220～263年）、魏の数学者・劉徽《りゅうき》は『九章算術』の注釈本を著しました。

その注釈本の中で劉徽は、古代ギリシアのピタゴラス（紀元前580～500年）

のピタゴラスの定理と全く同じことを記述しています。また、彼は192辺の多角形を使い、円周率πを3.141024と3.142074の間であると求めています。この円周率πは、その後、南北朝時代（439~589年）の天文学者で数学者である祖《そ》沖《ちゅう》之《し》により、3.1415926と3.1415927の間であると小数点以下7桁まで求められています。劉徽は『九章算術』の注釈本以外にも『海島算経』をはじめとした測量本をいくつも出版し、そこでは海上から島の頂上の海面からの高さを測定する方法をはじめ、測量士が棒を使って距離や高さを測定する方法が概説されています。

　このように魏志倭人伝が書かれた当時の中国（魏国）には、現代とほとんど変わらないレベルの高度な測量技術があったことから、魏志倭人伝に書かれた邪馬壹国までの道程の方位や距離に関する記述は概ね正しく、〝概ね〟という注釈付きではありますが、その記述通りに読み解けばいいのではないでしょうか。

　この時点で畿内説（近畿地方説）も論理破綻を起こしています。すべてのことには明確な訳がある……、これが「理系の考え方」です。この途中に書かれている一度陸路を七百里（約60キロ）通るということに疑問を持ったことが、この後述べる私の仮説に繋がります。

第3章

「理系の歴史学」で読み解く魏志倭人伝 邪馬壹国までの道①

~狗邪韓国から投馬国まで~

「邪馬壹国阿波説」という仮説を証明する

これに対して、私が立てた仮説を説明します。この仮説は、邪馬壹国が徳島県北東部、剣山《つるぎさん》の麓にあり、吉野川の南側に並行して流れる鮎喰川《あくいがわ》上流域に位置する名西郡《みょうざいぐん》神山町《かみやまちょう》にあったとする**「邪馬壹国阿波説」**の存在を知ったことに端を発しています。

以下に述べる私の説は、徳島在住の郷土史家の方々が唱える邪馬壹国は四国、徳島県名西郡神山町周辺にあったのではないか……という仮説を念頭におき、それを証明していくというアプローチを取っています。

縄文時代の地形

邪馬壹国が徳島県名西郡神山町周辺にあったのではないかという仮説について、最

縄文海進（約5000年前）時の四国の地形

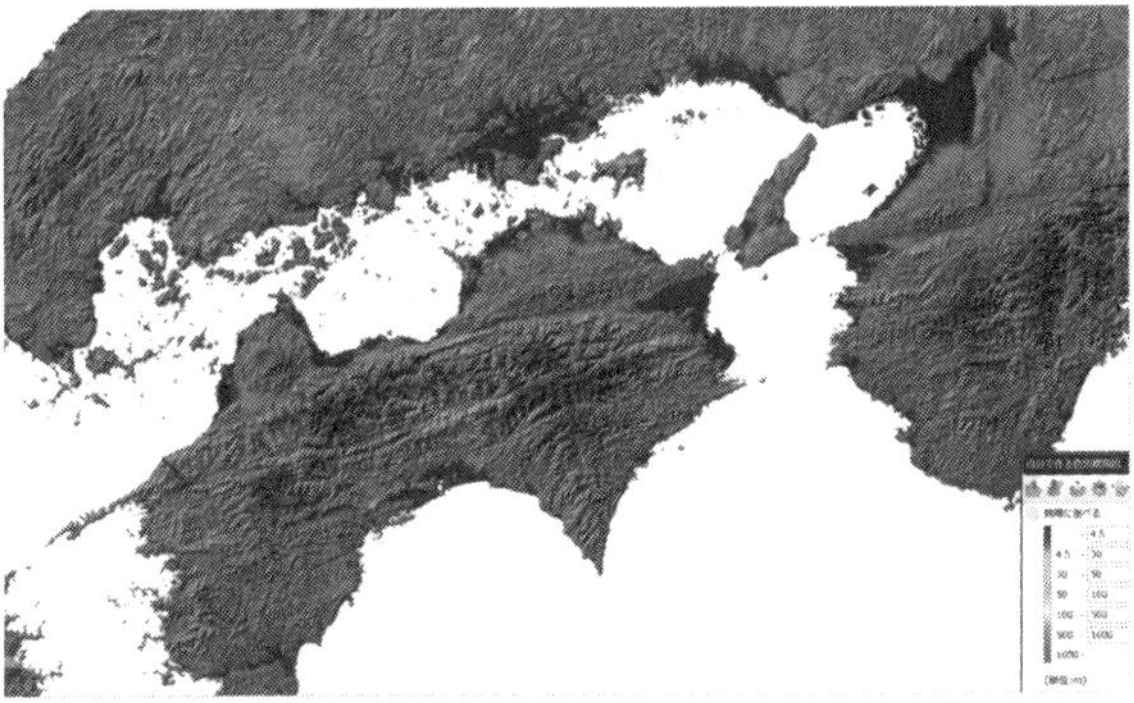

約5000年前の縄文前期中葉の海進頂期には、海水準は現在の標高4.4メートル、気温＋2℃の世界が想定されています。

国土地理院「電子国土Web」の地図を加工

初の考察に使ったのがこの図です。この図は国土地理院が公開している日本の地形のデジタルデータを3D加工したうえで標高ごとに着色し、今から約5000年前の縄文海進時における四国及びその周辺の地域の地形を示したものです。

縄文海進時は現在より海面の水位が4・4メートルほど高かったとされていますので、その時に海だったところを色づけしています。弥生時代になり寒冷期に入ると、海面の水位は下がり、徳島平野が顔を出すことになるのですが、この徳島平野は一級河川・吉野川によって形成された沖積平野であり、吉野川がたびたび氾濫を繰り返すことで、魏志倭人伝が書かれた時代にはほぼ一面の湿地帯だったのではないかと推察されていますが、名西郡神山町の一帯は標高が200~400メートル以上の位置にあり、弥生時代でも人が暮らすことができたと考えられる場所です。

神山町神領《じんりょう》地区には日本神話に登場する五穀の祖神、大宜都比売命《おおげつひめのみこと》を主祭神とする上一宮《かみいちのみや》大粟神社《おおあわじんじゃ》があり、古くから先人たちがこの地に集い、粟などの穀物を生産し、生活が営まれてきました。

また、古来、神山町の周辺は阿波国《あわこく》の語源ともいわれる「粟生《あわふ》の里」と呼ばれ、人々の交流拠点として大いに栄えました。「神山町」という地名自体は、昭和30（1955）年に近隣の阿野村と下分上山村、神領村、鬼籠野村、上分上山村の5村が合併した際に付けられた自治体名称ですが、何かを物語っているかのような地名です。このように、当時の地形がどのような感じであったのかを常に意識しておくことは、古代史の謎の解明においては極めて重要です。現在の地形による地図を見ながらいくら考察を

邪馬壹国までの行程（著者説）

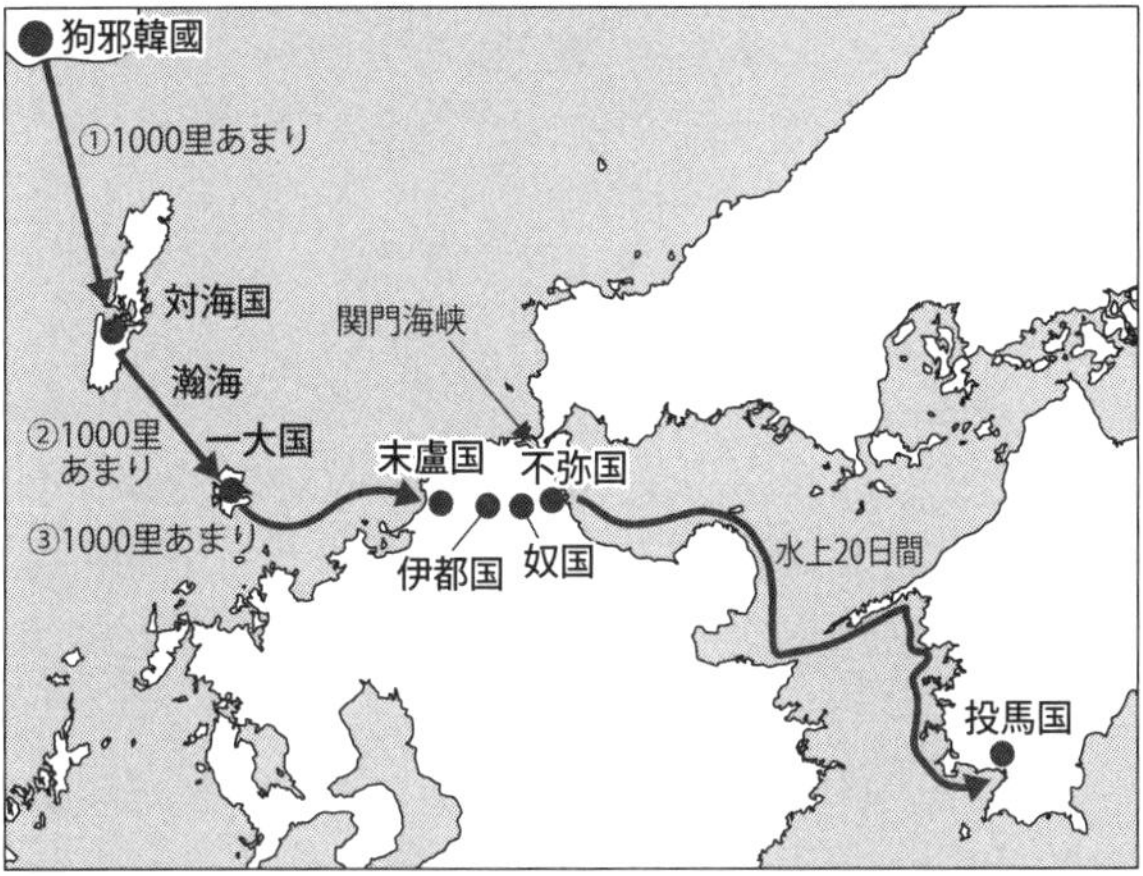

重ねても、歴史の真実には決して辿り着けません。

私の仮説では、**末盧国《まつらこく》は一般的に思われている松浦半島ではなく、現在の福岡県福岡市、博多湾に面したどこか**だと推定しています。ここなら一大国《いちたいこく》（壱岐）から約100キロ、「海を南にさらに千里あまり」という記述に矛盾はしません。現在のように陸上交通網が発達していなかった古代においては、大量輸送は水路に頼ることがほとんどでした。ならば、船を使って少しでも東に到達しておこうというのは極めて自然なことであり、末盧国が松浦半島であるわけがないのです。壱岐から見て福岡が南方向にあるかと言うと微妙ではありますが、壱岐を出航するといったん南方向に進んでから途中で東方向に転針する航路をとることになるため、「南に」というのもあながち間違いではないでしょう。このあたりは対馬海峡を西から東に対馬海流が流れておりますので、南に進もうと針路をとれば、おのずと東に流されて博多湾あたりに到達できると考えられます。しかも、朝鮮半島の南部から対馬、壱岐を経て博多湾にやって来るという行程は、鎌倉時代に2度にわたり襲ってきた元寇においても同じ行程だったので、大陸系の中国人や朝鮮人にはお馴染みの行程のため、違和感はありません。

しかも、魏・蜀・呉が覇権を争った三国時代の1つ前の後漢の時代の建武中元2年(西暦57年)に、後漢の光武帝が倭の奴国からやって来た朝賀使に対して〝宗主国〟と〝朝貢国〟の関係を伴う外交関係を結んだことの証拠として賜ったとされる「漢委奴国王印」と刻まれた国宝の金印も、福岡県福岡市の博多湾にある志賀島から出土しています。

　また、末盧国を現在の福岡県福岡市、博多湾に面したどこかだとしたことで、なぜ福岡市（博多）が九州の中心地として発展していったのかがわかります。すなわち、ここ**博多の地が倭国（日本国）における朝鮮半島や大陸との対外的な窓口**だったからです。ちなみに、日本の古代史上最大の対外戦争である「白村江《はくそんこう》の戦い」（西暦663年）のおり、倭国海軍の大船団が朝鮮半島に向けて出港した港も、博多湾にあった那の津でした。朝鮮半島との交流は博多をおいて他には考えられませんから、その意味でも末盧国は博多湾に面したどこかにあったのだと推測できます。

　このように、「末盧国」が現在の福岡県福岡市、博多湾に面したどこかだとすると、伊都国《いとこく》はそこから陸路を東南に五百里（約40キロ）進んだところなので、現在の福岡県飯塚市《いいづかし》あたりということになります。魏志倭人伝の「第2部　倭国の風俗」には、倭国は伊都国に高官を置き、諸国を管理させている……と書かれていますので、倭国にとって極めて重要な場所だったと推定されます。伊都国は私が推定する倭国の勢力圏のうち九州部分のほぼ中央にあたりますので、場所的にもちょうどいい場所にあると思われます。

その伊都国からさらに東南に百里（約8キロ）進むと奴国《なこく》です。ということは、奴国は同じく福岡県田川市《たがわし》あたりということになります。その奴国からさらに東に百里（約8キロ）進むと不弥国《ふみこく》です。ここは福岡県行橋市《ゆくはしし》あたりで、九州の東海岸、瀬戸内海に面した海沿いの都市です。すなわち、魏志倭人伝に書かれたとおりのコースを進むと、この七百里（約60キロ）の陸路で玄界灘（日本海）から一気に瀬戸内海に出てきたことになります。現在、この福岡市↓飯塚市↓田川市↓行橋市のコースには国道２０１号線が通っていて、その総延長は86・9キロ。七百里（約60キロ）というのも間違いではなさそうです。この国道２０１号線はその多くが筑豊地方の内陸部を通るため八木山峠《やきやまとうげ》、烏尾峠《からすおとおげ》、仲哀峠《ちゅうあいとうげ》などのちょっとした峠を越える区間がありますが、さほど標高の高いところはありません。筑豊と他地域を結ぶ路線であるため、山間部の区間が多いにもかかわらず交通量が多い福岡県の幹線道路のようです。このことに大きな意味が隠されているように思います。**なぜこの区間だけが陸路なのか？　それ**

は関門海峡があるからです。

「関門海峡」という障壁

魏志倭人伝によると、当時の人々が朝鮮海峡や対馬海峡を渡ることができるほどの造船技術や航海術を持っていたにも関わらず、朝鮮半島から邪馬壹国に行くには、九州で船をいったん降りて陸路を進むということになります。前述のように、朝鮮海峡と対馬海峡というそれなりの海を船で渡ってきたのにも関わらず、いったん船を降りてしばらく陸路を進む。それも末盧国から不弥国までは合わせて約七百里（約60キロ）もあります。長旅なので相当の荷物量だったと思われます。しかも、女王・卑弥呼への大事な貢物も持参していたことでしょう。それらの大荷物を持って、この区間だけ、陸路を移動して、再び船に乗り南に進むわけです。

ここに大きな違和感を覚えてしまいました。これはつまり、**海路上に「大きな障壁」**

が横たわっていたということでしょう。その**大きな障壁というのが「関門海峡」です。**おそらく関門海峡の船での通行を避けるためだったのではないでしょうか。本州の山口県下関市と九州の福岡県北九州市を隔てる関門海峡は、瀬戸内海（周防灘）と日本海・玄界灘を結ぶ重要な航路なのですが、最小600メートルという海峡の狭さ、最速約9・4ノット（時速約17・4キロ）という潮流の速さ、1日4回も変わる潮流の向き、船舶通航量の多さ、航路の複雑さなどから、今でも海難事故が多発する危険な水路です。およそ2000年前は、船の船体は随分と小さく、動力も付いていなかったので、現代以上に危険な水路であったと容易に推定されます。そのため、この危険**な関門海峡の通行を避けるために、この区間を陸路で短縮するように移動する行程が、瀬戸内海と日本海・玄界灘を結ぶ交通路として整備されていた**のではないでしょうか。**それが末盧国→伊都国→奴国→不弥国という陸路の行程**だったというわけです。

ちなみに、国道201号線の終点は行橋市の隣の福岡県京都郡《みやこぐん》苅田町《かんだまち》です。京都郡という郡の名称に好奇心が疼きます。行橋市もかつては京都郡に含まれていました。

なぜこのあたりが京都《みやこ》という雅《みやび》な名称で呼ばれるようになったかというと、第12代・景行《けいこう》天皇の時代、九州南部を拠点にした熊襲《くまそ》が背いたため、それを征伐すべく景行天皇自らが西に下り、この豊前国《ぶぜんのくに》の地に行宮《かりみや》を設けたことに由来します。そこから京都と呼ばれるようになったのだそうです。この地域はかつて豊前国の中心地で、豊前国の国府跡や国分寺跡が行橋市と苅田町に隣接する京都郡みやこ町で発見されています。第12代・景行天皇は日本武尊《やまとたける》のお父上で、景行天皇の時代とは西暦に直すと西暦70～130年に相当すると考えられています。魏志倭人伝に邪馬壹国と卑弥呼のことが書かれた時代はそれから百年ほど後の時代にあたり、その時代には、この行橋市周辺の福岡県京都郡一帯は、すでにそれなりの規模の都市として栄えていたと推定されます。その範囲は不弥国だけでなく、奴国や伊都国まで及んでいたかもしれません。また苅田町にある古墳時代前期の前方後円墳「石塚山古墳」からは邪馬壹国伝説にまつわるとされる三角縁神獣鏡《さんかくえんしんじゅうきょう》が出土されていて、国の史跡に指定されているほか、周辺には貴重な古墳や遺跡が点在しています。

また、田川地方は古代から豊前の国府と大宰府を結ぶ交通の要衝で、朝鮮半島にあった新羅《しらぎ》の文化の強い影響が窺える遺跡がいくつも発見されています。魏志倭人伝には、奴国は2万戸あまりの家を有するこのあたり随一の規模を持つ都市国家だったということが書かれています。くわえて、博多湾の志賀島から出土した金印には「漢委奴国王印」と奴国の文字が刻まれていたことから、奴国は卑弥呼が活躍した時代の少し前の後漢の時代には、北部九州地方を支配するほどの大きな勢力を持っていたのかもしれません。田川市は日本の近代化を支えた筑豊炭坑の中心地で、あまりに有名な〝炭坑節〟の発祥の地として知られていますが、調べてみると、弥生時代から古墳時代にかけての大規模な遺跡が多く点在しています。また、田川市に隣接する田川郡香《か》春町《わらまち》もその町名の語源は古代朝鮮語にそのルーツを探ることが可能で、古くより朝鮮半島や中国と密接な繋がりがあった土地であることの証左かのようです。

その後、造船技術の進歩により大型の船舶が建造されるようになり、航海技術も向上したことにより、危険だった関門海峡もなんとか船で通れるようになったのですが、天然の良港である苅田港《かんだこう》はその後も瀬戸内海の物流の拠点港として栄えました。近代に入ってからも筑豊地区で産出される石炭の積出港として栄え、また最近でも国の重要港湾の指定を受けた貿易港として多くの船舶が利用しています。かつては、大型旅客フェリー「さんふらわあ」などが発着する旅客港でもありました。その際、福岡市↓飯塚市↓田川市↓行橋市↓苅田港という陸路（現在の国道201号線）の存在が大きな意味を持っていることは言うまでもありません。

投馬国の場所

次に、この現在の福岡県行橋市あたりにあったであろうと推察される**不弥国《ふみこく》から出港して、南に向かって水行20日で着くと言われる投馬国《とうまこく》がどこにあったのかが、邪馬壹国の場所を読み解く最大の鍵**です。「〇〇里」という距離ではなく、「所要日数」で書かれているため、解釈がどうしても広くなります。魏志倭人伝に書かれている他の部分の克明さを考えると、ここは無理にこじつけるのではなく、そのまま読んで解釈するべきです。魏志倭人伝はあくまでも魏から倭国へ渡った使者の感覚で書かれているので、距離や方位は大きく違ってはいないものの、極めて大雑把なものだと私は思っています。

一方、「陸路を〇〇日」、「水路を〇〇日」というような書き方をしている所は、ある程度参考にできるのではないかと思われます。また、「水路を二十日」という表現は「船で進むこと20日」という意味で、ずっと見渡す限りの大海原の中を無停泊で進んだわけではないと読み取れます。あまりにサラッと書きすぎですし、そもそも当時の船、それも瀬戸内海などの内海を航行するような内航船は規模も小さく、それほどの食糧を船倉に積み込むこともできなかったので、入り江に泊まっては食事を摂り、潮の流れや風を見て出航し、また次の入り江に進むという尺取り虫のような進み方をして投馬国を目指していたと思われます。途中に国と呼べるほどの大きな都市がなかったことから、まとめて「水路を二十日」という表現になったのだと推察できます。

豊後水道の東岸、宇和海《うわかい》とも呼ばれる愛媛県の南予地域（宇和島市を中心とした愛媛県南部地域）の海岸線はリアス式になっていて、小さな入り江が無数に点在する地形のところなので、当時も停泊地には全く困らなかったと思われます。

〝地乗り航路〟により投馬国へ

瀬戸内海航路など、日本国内の内航海運において、帆船時代の航法は陸地の目印を結んで船の位置を知る〝山あて〟などによる、いわゆる地文航路が主流で、これには〝地乗り航路〟と〝沖乗り航路〟の2つがありました。

〝地乗り航路〟とは海岸に沿って尺取り虫のように潮待ち風待ちを繰り返しながら航海する航路のことであり、〝沖乗り航路〟とは陸岸を遠く離れて航海する航路のことです。

瀬戸内海でも古代から航海の安全を図るために地乗り航路を基本としていたのです

が、17世紀半ばになると船の大型化、航海術の発達が進み、それにつれて沖乗り航路が発展していきました。現在のような沖乗り航路がふつうに使われるようになったのは17世紀半ば以降のことなので、邪馬壹国、卑弥呼の時代である3世紀は航海も海岸に沿って尺取り虫のように潮待ち風待ちを何度も繰り返しながら航海する地乗り航路が主流、というか、それしか航法はなかったように思います。

私の仮説では、まずは九州の東岸を小さな入り江伝いに佐賀関半島の先端の関崎《せきざき》まで行き、潮の干満により1日4回潮流の向きが変わる瞬間の海が凪いだ時に四国の最西端・佐田岬半島の先端の佐田岬まで一気に渡り、そこから今度は四国西岸の宇和海沿岸のリアス式海岸のいくつもの入り江を順に辿りながら20日間をかけて真南に航海を続け、投馬国に着いたと推察しています。このあたりの海は豊後水道と呼ばれ潮の流れが速いため、何度も潮待ち風待ちを繰り返しながらの地乗りの航海であったと思われるため、20日かかるというのはわかるような気がします。ちなみに、九州の東岸廻りで南に下り、最後に宮崎県あたりから一気に豊後水道を渡るというのはあまりに距離があり過ぎて、動力船のなかった当時は賢明な航路とは言えません。また、愛媛県側は山が海にそのまま突っ込んだような地形なので、陸路で行くことは考えられません。国鉄予讃本線（現在のＪＲ予讃線）が昭和20（１９４５）年に宇和島駅まで延伸されるまで、松山市と宇和島市の間の主要交通機関は船でしたから。宇和島市を中心とする愛媛県南予地域は縄文時代から弥生時代、古墳時代にかけての遺跡や中世の山城が数多く残っている地域です。愛媛県の歴史や民俗を紹介する施設である愛媛県歴史文化博物館もこの南予地域の西予市卯之町に置かれています。特に宇和盆地からは大陸から伝わったと推定される銅鏡や銅矛・平形銅剣などの青銅器が数多く出土していて、このあたりと九州、さらには朝鮮半島をはじめとした大陸との間の密接な関係が窺えます。

もし、私の仮説が当たっているとするならば、**このあたりは邪馬壹国への行程上で、重要な役割を果たしていたところ**だということになります。

遺構・遺物が物語る、かつての投馬国の規模

そして、辿り着いた投馬国というのはズバリ、現在の愛媛県南宇和郡愛南町《あいなんちょう》から高知県宿毛市《すくもし》、土佐清水市《とさしみずし》、四万十市《しまんとし》にかけての一帯にかつて栄えたであろう〝国〟。5万戸ほどの住居があったということから、当時としては相当の規模の〝都市〟であったと思われます。

驚くべきことに、ここ愛南町から高知県宿毛市にかけての一帯は縄文時代後期から弥生時代にかけての遺跡が多数出土していて、その時代、かなりの人が暮らしていたのではないかと言われています。ちなみに、愛媛県南宇和郡愛南町の平成の大合併前の町名の一部は城辺町《じょうへんちょう》と御荘町《みしょうちょう》でした。この田舎で城辺と御荘、通常考えられない地名です。古代にそこに重大ななにかがあったとしか思えません。

この愛媛県愛南町の旧御荘町地区に平城《ひらじょう》貝塚と呼ばれる遺跡があります。この平城

貝塚は、愛南町中央部を流れ御荘湾に注ぐ僧都川の右岸、平城地区にあり、明治24（1891）年、隣接する高知県宿毛市にある宿毛貝塚と同時に、高知県の寺石正路氏によって発見されたものです。この貝塚は、「平城式土器」という「標式土器」で全国的に有名となった約3500年前の縄文後期中葉の遺跡であり、昭和29（1954）年より現在まで、5回の発掘調査が行われています。土器のほかには、完全体を含む多くの人骨と、石器・骨角器・獣骨・魚骨・植物種子など、数多くの遺物が出土しており、その中でも珍しいものとして、全国でも出土数の少ない織物片や、貝笛などが出土しています。また、住居跡ではないかと考えられる遺構も発見されています。この平城貝塚は、貝層約1メートル、南北約90メートル、東西約60メートルもある全国的にも最大級規模の巨大なもので、かなり多くの住民が暮らしていた跡と考えられています。隣接する高知県宿毛市にある宿毛貝塚も同規模かそれ以上の規模を持つ貝塚であり、こちらは昭和32（1957）年に国の史跡に指定されています。この両貝塚の存在から、古代においてこのあたり一帯にはかなり大規模な都市のようなものがあったと推定され、古代中国や九州地方との関連を考えるうえで重要な遺跡になっています。

投馬国は愛媛県愛南町から高知県宿毛市、さらには土佐清水市、四万十市にかけての一帯にかつて存在した国なのではないか……という仮説の根拠は貝塚以外にもいくつかあります。その一つが弥生時代中期（紀元前1世紀〜紀元1世紀）の遺跡。高知県宿毛市を中心とした幡多《はた》地区には弥生時代中期のものと推定される遺跡がたくさん発見されています。宿毛市の橋上遺跡、二ノ宮遺跡、高知坐神社《たかちにますじんじゃ》遺跡からは当時のものと推定される石斧や石包丁が発掘されています。また宿毛市に隣接する自治体でも四万十市にある入田《にゅうた》遺跡、幡多郡大月町にある竜ヶ迫遺跡といった弥生時代中期のものと推定される遺跡も多々あり、当時、このあたり一帯にはかなり大きな集落があったということが推定されています。

さらには古代に国造が置かれた波多（幡多）国の存在もあります。魏志倭人伝には○○国というように〝国〟という表記がいくつも登場しますが、古代の国（クニ）というのは、後世の国とは概念が異なり、その地の豪族の勢力範囲を指したものであり、人々が集まり住むところであれば地域の大小に関係なく、一部落であっても部落の集団であっても、すべて「クニ」と呼んでいました。その小さな「クニ」が統一され、やがて大きな〝国〟となっていくわけですが、その際に大和朝廷が統一した部落国家に置いた地方長官の名称が国造《くにのみやつこ》でした。この国造は多くの場合朝廷から派遣されたものでなく、すでに朝廷に繋がりを持っていた地方の部落国家の首長がそのまま任命されて、世襲したもののようです。天地開闢から推古天皇までの歴史が記述され、平安時代初期に成立したとされる史書『先代旧事本紀』巻第10「国造本紀」には、朝廷は全国１４４の国に国造を任命したと書かれており、そのうち四国には、長《なが》、粟《あわ》、讃岐《さぬき》、伊余《いよ》、怒麻《ぬま》、久味《くみ》、小市《おち》、風早《かざはや》、波多《はた》、都佐《とさ》の10ヶ国に国造を配置していたことが記述されています。また、同じく平安時代初期に編纂された勅撰史書『続日本《しょくにほん》紀《ぎ》』の巻6にも、この10ヶ国に国造が置かれていたことが書かれています。このうちの波多の国造が置かれていたのが、宿毛市を中心にした高知県の南西部にある旧幡多郡一帯で、愛媛県の最南端にある現・南宇和郡愛南町一帯も、当時はこの波多国に含まれていたと推定されています。国造が置かれていたということは、その当時、かなり大きな規模の部落国家がそこには存在していたということを意味します。

『宿毛市史』の古代編「波多と波多国造」によると、この波多国ですが、前述の史書『先代旧事本紀』巻第十・国造本紀によると、波多国は第10代崇神天皇の代に、神のお告げによって、天韓襲命《あまのからそのみこと》を国造に定められたと記されています。天韓襲命は、もともと波多国一帯の首長であったとも考えられますが、「天韓襲命」という名前や、神のお告げによって任命されたと記されていることから、特別の事情により選任された人であったとも考えられています。一説には、天韓襲命は渡来人と考えられるという説もあるようです。地図を見ると、黒潮が最初に日本列島にぶつかるのは高知県の南西部に突き出た足摺岬付近。渡来人が黒潮に乗って、海路、日本列島にやって来たと考えると、その足摺岬も波多国（高知県幡多郡）にありますから、この説も否定できるものではありません。このあたりの海岸線はリアス式海岸で、深浦港（愛媛県愛南町）、宿毛港、土佐清水港……と天然の良港がいくつもあります。それと波多《はた》という地名。ハタと言えば思い出されるのが稲荷神社や八幡神社などを創祀したことで知られる古代氏族・秦氏《はたし》一族ですね。平安時代初期に編纂された『新撰姓氏録』によると、秦氏一族は秦の始皇帝の末裔《まつえい》とされ、聖徳太子に仕えたとされる秦河勝《はたのかわかつ》が有名です。また、秦氏は日本列島に蚕や絹などによる織物、土木技術、砂鉄や銅等の採鉱及び精錬、薬草などを広めた有力な帰化渡来人氏族とされています。黒潮に乗って海を渡ってやってきた渡来人氏族・秦氏が日本列島で最初に住み着いた場所がこの波多国という可能性も十分にあります。ちなみに、『日本書紀』によると、応神天皇14（283）年に百済より120県の民を率いて帰化したとされる弓月君《ゆづきのきみ》を秦氏の祖としています。

一方、同じく国造本紀には、同じ高知県にあった都佐国は第13代成務天皇の代に、長阿比古の同祖で、三島溝杭命9世の孫の小立足尼を国造に定めたと記されています。国造を置いた年代に関しては諸説あり、特定することはここでは避けますが、少なくとも波多国造が都佐国造より早く置かれたことだけは間違いないようです。また、高知県内で最古、かつ最大規模である平田曽我山古墳と、延長5（927）年成立の『延喜式』神名帳にも式内社として列している高知坐神社は今も宿毛市に所在しており、現在の宿毛市を中心とした古代波多国は大和朝廷との深い繋がりを持っていたことが窺えます。波多国ができた当時には、都佐国はまだ人口が少なく、小さな豪族が覇権を争っている最中で、大きな豪族が統一するまでには至っていなかったのではないでしょうか。

さらに、波多国が都佐国より早く大和朝廷の勢力圏に組み込まれて、その影響を深く受けたのには交通路も大きく関係していたように思います。すなわち、当時の交通路が現在の愛媛県（伊予国）から大きく西回りで波多国を経由して都佐国へ渡るようになっていたので、都佐国の西にあった波多国が一足先に大和朝廷に繋がりを持ったという推察です。高知県沖の太平洋には黒潮という非常に速い潮流が流れていて、当時の船ではその黒潮の中を航海することは極めて危険であったため、わざわざこういう遠回りに迂回した経路を採らざるを得なかったように思います。陸路で行くにしても後述の御荷鉾構造線と仏像構造線という四国を東西に横切る2本の断層帯（構造線）が形成する急峻な断層崖を越える必要があることから、相当の難路であったことは想像に難くありません。このため、交通路の中心は海路、船による移動だったと考えられます。この大きく西へ迂回した経路により、現在の高知県は西から開けていったものと考えられます。

波多国が都佐国へ併合されて土佐国となったのは大化改新により国郡制が定められた大化2（646）年のことであり、『日本書紀』には「大化改制土佐国を建て波多郡を置く」と書かれています。この時、改めて国司や郡司が任命されました。〝土佐〟という文字が使われるようになったのも、両国が併合された以降のことのようです。しかし、この四国をグルッと迂回する西回りの伊予国経由の経路があまりに長路で、しかも険難で不便であったことから、その後、土佐国の国司が朝廷に上申して、阿波国から直接土佐国に入る新道を開くことの要請をし、養老2（718）年に阿波国から土佐国の国府へ直通する新道の建設が許可されたとされています。『続日本紀』には「養老二年、伊豫より迂回して土佐に至る官道を廃し、阿波路によらしむ」との記述が見られます。その際に整備されたとされる道が野根山街道で、現在の高知県安芸郡奈半利町と同じく安芸郡東洋町野根を山の尾根伝いに結ぶ行程約36キロ、高低差約1000メートルの山越えの街道です。四国の東南端に突き出る室戸岬をショートカットするように延びる街道で、現在はほぼそのルートに沿って国道493号線が通っています。古くは『土佐日記』の著者として知られる紀貫之の土佐国への入国の道として、藩政時代には土佐藩の参勤交代時の通行路としても使用されました。幕末期には中岡慎太郎ら幕末の志士の多くが脱藩した道でもあります。その養老年間における野根山街道の整備後、土佐国へは距離の比較的短い阿波国経由の東からのルートが一般的となったために土佐国の国府は徐々に発展していったのですが、反対に、それまで土佐国への入口となって栄えていた波多（その後の幡多）地域は、このために一転して土佐国でも最も僻遠な地となり、都からの往来も途絶えて次第に文化的にも遅れていき、「陸の孤島」のような地となっていったとされています。

このことは邪馬壹国への経路を考察する上で、重要なヒントを与えています。すなわち、**波多（幡多）地域から先、邪馬壹国まで海路で行くのは極めて難しかった**ということです。国造が置かれた時代でもこういう状況です。邪馬壹国があった時代は、国造が置かれる前の時代でしたから、なおのことです。現代人の感覚でいくら一般の地図を眺めてみても、答えは決して見えてこないということです。

第4章

「理系の歴史学」で読み解く魏志倭人伝 邪馬壹国までの道②

～「水行十日陸行一月」の謎解き～

四国の地形

魏志倭人伝によると、その**投馬国から最終目的地である邪馬壹国までは「水行十日陸行一月（水路を十日、さらに陸路を一月）」という表現で示されています。**これまで多くの歴史学者や古代史マニアの方々が、この「水行十日陸行一月」の解釈で躓いてこられたと思うのですが、投馬国を愛媛県愛南町から高知県宿毛市、土佐清水市、四万十市にかけての幡多（波多）地域にあったと比定するならば、その謎は実にあっさりと解けてしまうのです。その鍵は四国の地形、四国という場所の特徴を正しく知るところから始める必要があります。

左ページの図は国土地理院の地図を3D加工した四国の地形図です。四国は四方を海で囲まれた島、それも太平洋、瀬戸内海、紀伊水道、豊後水道という性格が全く異なる４つの海で囲まれた独立した島で、しかもその島の約80パーセントが山という特

四国を東西に横切る４本の構造線

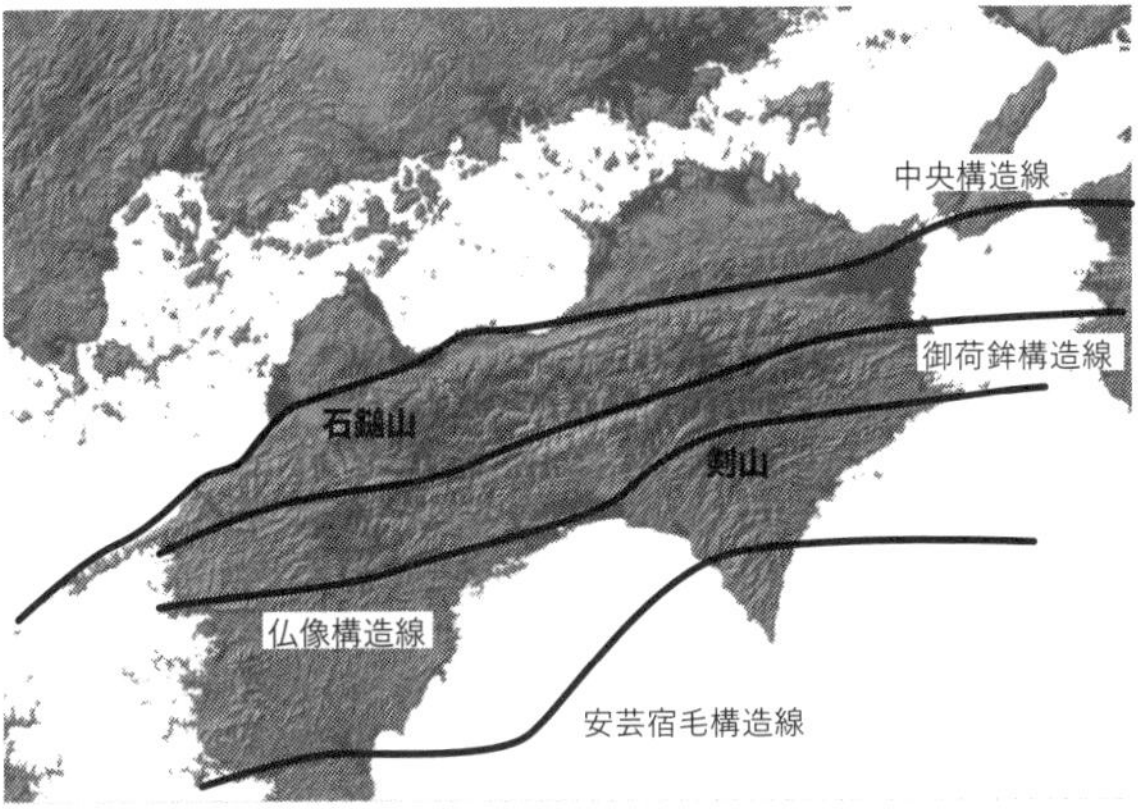

国土地理院「電子国土 Web」の地図を加工

殊な地形のところです。地形的には、中央部に標高1800～2000メートル級の山々が連なる四国山地と呼ばれる山岳地域があり、その山岳地域からわずか20～50キロの距離で標高0メートルの海に達するという極めて急峻な地形となっています。さらに、北から中央構造線、御荷鉾構造線《みかぶこうぞうせん》、仏像構造線、安芸宿毛構造線と呼ばれる大きな断層帯（構造線）が東西に並行して走っています。この並行する4本の大きな断層帯とその支流のような断層帯の存在により、四国山地は後述の褶曲《しゅうきょく》山脈といって何枚もの屏風を並べたような地形になってい

四国山地：褶曲山脈

ます。このほぼ平行に位置する断層帯によって区切られた地帯は峡谷の形状をなす地《ち》溝帯《こうたい》と呼ばれる地形を形成することが多く、河川はこの地溝帯に沿って流れるため、四国随一の大河である吉野川などは四国山地に降った大量の雨水を集めて東に進み、紀伊水道に注いでいます。瀬戸内海に注ぐ河川もいくつかあるのですが、基本的に中央構造線の北側に降った雨水を運ぶだけなので、流量はさほど多くはありません。このように、この東西方向に縞状になって存在する複数の断層帯と地溝帯により四国の地形は決定づけられています。

四国の地質図

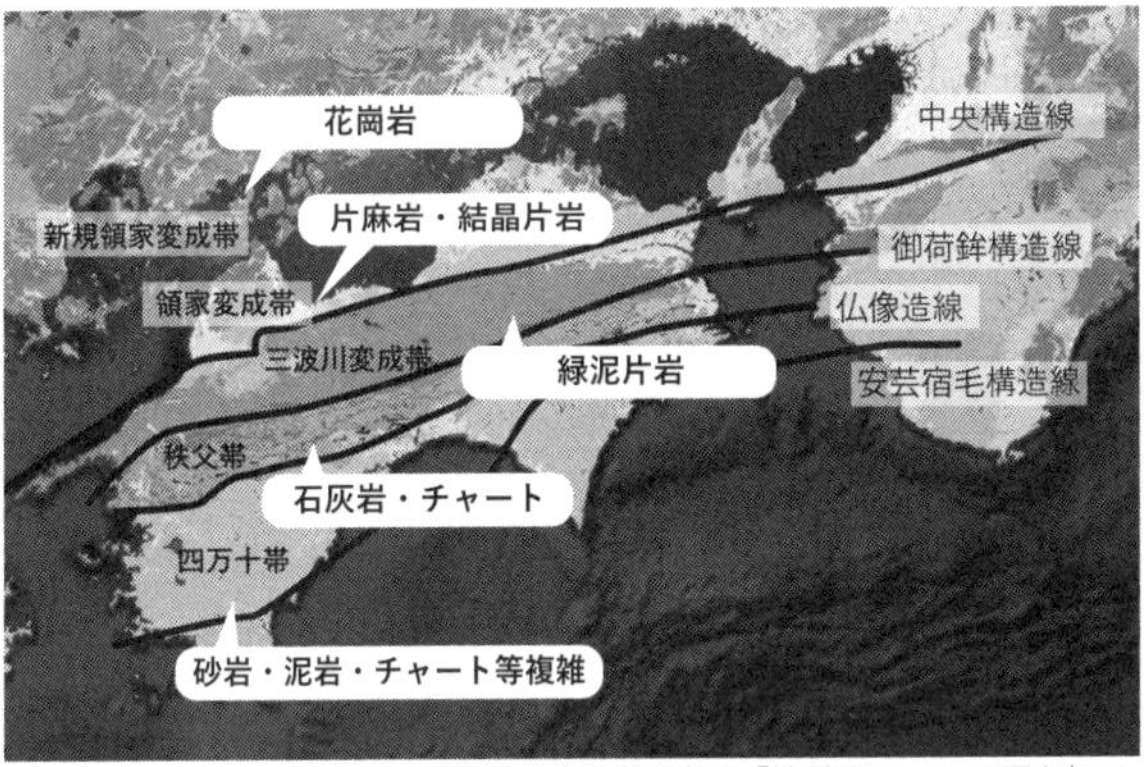

産業技術総合研究所「地質図 Navi」の図を加工

この四国の地形ですが、これは四国という島の成り立ちと大きく関係しています。産業技術総合研究所（産総研）が、国内の地質情報をオンラインで閲覧できるサイト「地質図Navi」を公開しています。

それを見ると、四国を東西に横切る４本の並行する大きな断層帯の間の地質が全く異なる性質を持ったものであるということがわかります。並行する４本の大きな断層帯のうち、中央構造線と御荷鉾構造線に挟まれた地質帯を三波川変成帯《さんばがわへんせいたい》と呼び、御荷鉾構造線と仏像構造線に挟まれた地質帯を秩父帯《ちちぶたい》、仏像構造線の南側の地質帯を四万《しまん》十帯《とたい》と呼びます。

この四万十帯はその付加体の形成時期から北側の白亜紀付加コンプレックスと、南側の古第三紀付加コンプレックスとに分かれ、その境界に安芸宿毛構造線という大規模な断層帯が走っています。また中央構造線の北側の地質帯を領家変成帯と呼びます。（注：地殻変動の原因になる大きな力の向きや大きさが変わると、断層のずれ方も変わります。そのため、中央構造線をはじめとした断層帯は、何回もずれ方を変えてきました。したがって、地質境界としての構造線と、活断層としての構造線は必ずしも一致しません。）

プレートの巨大な力と褶曲山脈

地球の表面は十数枚の〝プレート〟と呼ばれる、固い岩盤（地殻）で覆われています。それらが動くことで、その上にある大陸も動き続けてきました（これを〝プレートテクトニクス〟と言います）。プレートは大陸プレートと海洋プレートに大別され、海洋プレートのほうが大陸プレートよりも比重が重いため、プレートの接合面においては、海洋プレートが大陸プレートの下に沈み込んでいきます。日本列島周辺は陸地を形成する大陸プレートであるユーラシアプレートと北アメリカプレート、海底を形成する海洋プレートである太平洋プレートとフィリピン海プレートという４枚のプレートの上にあり、四国は基本的にはユーラシアプレートと呼ばれる大陸プレートの上にあります。このユーラシアプレートの端に「南海トラフ」という深い海溝があり、その南海トラフにおいて陸側の大陸プレートであるユーラシアプレートの下に海側の海洋プレートであるフィリピン海プレートが沈み込んでいます。海洋プレートが大陸プレートの下に沈み込む際に海洋プレートの上の砂や泥といった堆積物が剥ぎ取られ、陸側プレートの中に付加していきます。これを「付加体《ふかたい》」と言います。そして、異なる生成時期や性質を持つ堆積物から成る付加体が、１億年を超えるような長い時間の経過の中で地球の表面を覆うプレートが動くプレートテクトニクスの強大な力によって圧縮され、上昇して、互いに接するようになります。こうして形成された山々のことを褶曲山脈《しゅうきょくさんみゃく》と言います。**褶曲山脈とは地殻変動によって地層が褶曲（曲がりくねるように変形すること）して形成された山脈のこと**です。水平方向に堆積した地層が、地球表面を覆うプレートの運動などによる横二方向からの猛烈に強い圧縮の力と、隆起と沈降の力などを長時間受け続けることで形成された山脈で、屏風のような形状をしているのが特徴です。比較的固い岩盤の場合は、褶曲が形成される途中で破断して断層となることが多く、また山脈は1列だけでなく、何列も並行して生じる場合があります。海洋プレートが大陸プレートの下に沈み込む接合面のすぐ近くの大陸プレート側で見られることが多く、南海トラフのすぐ北側にある四国の山々は、この褶曲山脈の典型例と言えるものです。

世界的にも稀な四国の地質構造

日本列島は海洋プレートが大陸プレートの下に沈み込むことによって成長してきた

という生い立ちを持っており、そのため、過去から現在まで、いくつもの時代の付加体が集積し、その一部が再配置された作りになっています。日本列島の基盤は一般に大陸側ほど古く、太平洋側ほど新しい構造となっています。そこに地中深くのマグマの活動があり、さまざまな時代の火成岩が残されています。また、特に堆積岩・変成岩では、ある程度まとまった時代に形成された岩石が帯状に連続して分布する特徴があります。それぞれの境界は断層で接することが多く、その一部は構造線と呼ばれています。

そんな日本列島の中でも、四国はすぐ南側に南海トラフと呼ばれるフィリピン海プレートがユーラシアプレートの下に沈み込む海溝があることから、**中央構造線、御荷鉾構造線、仏像構造線、安芸宿毛構造線という主要な４本の構造線が東西にほぼ平行に走り、北から領家変成帯、三波川変成帯、秩父帯、四万十帯という異なる時代の付加体により形成された地質帯が縞状に存在するという極めて特徴的な地質構造を持っており、それが四国の素晴らしい景観を形作ってきました。**それもさほど大きくない島の中で。こういう特徴を持ったところは日本列島に他にはなく、おそらく世界中探してもほとんどないのではないかと思われます。

三波川変成帯の地質

まず、中央構造線の南側、御荷鉾《みかぶ》構造線との間に分布する三波川《さんばがわ》変成帯の基盤岩は中生代のジュラ紀（約2億年前〜約1億５０００万年前）から白亜紀（約1億５０００万年前〜約６５００万年前）にかけて、低温高圧型の変成作用を受けた結晶片岩からなります。三波川変成帯を形成する付加体は、陸地プレート（ユーラシアプレート）の下に沈み込む海洋プレート（フィリピン海プレート）に引きずられるように深さ15〜30キロまで引きずり込まれ、深いわりに低い温度という低温高圧型の変成作用を受けた変成岩で、薄い板を重ねたような結晶片岩になっているのが特徴です。代表的な岩石は緑泥片岩《りょくでいへんがん》で、緑色岩《りょくしょくがん》（変質した玄武岩《げんぶがん》やその破片）を原岩とする結晶片岩です。

ちなみに、〝変成岩〟とは、岩石がもともとできた時とは異なる温度や圧力を受け固体のまま化学反応が進み、もとの岩石とは異なる鉱物の組み合わせになった岩石のことです。

秩父帯の地質

四国の真ん中を東西に走る御荷鉾構造線と仏像構造線の間の高地に分布する秩父帯は四国で最も古い地質帯で、古生代の石炭紀（約3億6000万年前〜約3億年前）から中生代のジュラ紀（約2億年前〜約1億5000万年前頃）にかけて形成されたものです。秩父帯は古生代の岩石が中心ですが、地質構造は非常に複雑であり、珪岩《けいがん》や砂岩のほか、石灰岩やチャート、蛇紋岩《じゃもんがん》、頁岩《けつがん》など種々の岩石からなっています。秩父帯の代表的な岩石は石灰岩とチャートです。石灰岩はサンゴの死骸などが固まってできたもの、チャートはホウサンチュウの死骸などが固まってできた岩石で、どちらも炭酸カルシウムなどを主成分とする堆積岩の一種で、化石を多く含んでいます。色は白色または灰色がほとんどですが、含まれる不純物によって黄色、赤褐色、暗灰色などもあります。

愛媛県と高知県の県境付近に広がる四国カルスト高原の石灰岩は温かい南の海で形成され、フィリピン海プレートの移動により日本列島まで運ばれてきたもので、1500メートル近い高地からサンゴや石灰藻などの化石が出てくるのはそのためです。

四万十帯の地質

仏像構造線の南側にある四万十帯は中生代の白亜紀（約1億5000万年前〜約6500万年前）から新生代の古第三紀（約6500万年前〜約2300万年前）にかけて形成された比較的新しい地質帯です。四万十帯は主として堆積岩である砂岩、泥岩、チャート、深成岩である玄武岩、斑糲《はんれい》岩などが複雑に重なり合った地層からなり、各所に海底地すべりの痕跡を残す地層や変成作用を受けた地層が挟み込まれているという特徴があります。前述のように、付加体の形成時期の違いから北側の白亜紀付加コンプレックスと、南側の古第三紀付加コンプレックスとに分かれ、それぞれに含まれる岩石の割合が違っています。また、この白亜紀付加コンプレックスと古第三紀付加コンプレックスの間に安芸宿毛構造線が走っています。

領家変成帯の地質

中央構造線の北側にある領家《りょうけ》変成帯は三波川変成帯と同じく中生代のジュラ紀（約2億年～約1億5000万年前）から白亜紀（約1億5000万年～約6500万年前）にかけて形成された地質帯ですが、三波川変成帯が海洋プレートの沈み込みによる低温高圧の条件で変成を受けた変成岩主体の地層であるのに対して、領家変成帯はもともとジュラ紀の付加体があったところに、白亜紀に大量のマグマが上昇し、付加体が引きずり込まれた深度が10～15キロと比較的浅いわりに高い温度で変成作用を受けたことで、高温低圧型の変成岩になっていることが特徴です。

領家変成帯の代表的な岩石は白っぽい部分と黒っぽい部分が縞々になった片麻岩《へんまがん》で、砂岩や泥岩が高温低圧型の広域変成を受けたものです。黒雲母片岩《くろうんもへんがん》や黒雲母片麻岩《くろうんもへんまがん》など、黒雲母が多量に含まれており、光が当たるとキラキラと金色に光る特徴があります。また領家変成帯の北側の瀬戸内海沿岸に違った地質帯がありますが、ここは新期領家（花崗岩《かこうがん》）帯と呼ばれ、後期白亜紀（約1億年～約6500万年前）にマグマが地下の深いところで冷えて固まった花崗岩質の深成岩が主体の地質帯で、活発な火山活動があった跡です。新規領家（花崗岩）帯の名称のとおり、新規領家帯を代表する岩石である花崗岩は石英《せきえい》と長石《ちょうせき》とを主成分とする比較的粒の粗い岩石で、少量の黒雲母や角閃石を含みます。

そのために白や淡灰あるいは淡紅の基質に、黒の斑点が散在して見えるという特徴があります。また、この領家変成帯と新期領家帯の境界付近ではマグマの働きが大きいことから、愛媛県の道後温泉や奥道後温泉、鷹の子温泉（いずれも松山市）や鈍川《にぶがわ》温泉、湯ノ浦温泉（どちらも今治市）、香川県の塩江温泉（高松市）といった温泉が古くから湧き出しています。このように四国を形成する各断層帯の間の地質（岩質）はまるで異なっていて、その気になって付近の岩石を眺めてみると、違いはすぐにわかります。

四万十川という障壁

そうした四国の地形の特徴を理解したうえで、いよいよ投馬国から最終目的地である邪馬壹国までの「水行十日陸行一月」の解釈についてです。投馬国を愛媛県愛南町から高知県宿毛市、四万十市にかけての幡多（波多）地域にあったと比定するならば、魏国の使者はいったん四国に上陸していたわけで、ここから「南に向かって水路を十日、陸路を一月」という表現をどのように解釈するかが重要になります。なぜここからすぐに陸路を使わなかったのか？　それにはこのあたりの地形が大きく関係していたのではないかと思われます。

現在、高知県南西部の宿毛市の宿毛駅から四万十市の中村駅までの間は第三セクターの「土佐くろしお鉄道宿毛線」という鉄道路線が通っていて、その路線距離は23・6キロ。途中には四国で2番目に長い聖ヶ丘トンネル（5084メートル）をはじめ合計10箇所のトンネルがあり、トンネルと高架の区間が長く続く特殊な路線となっています。途中、四万十川の主要な支流である中筋川を2度鉄橋で渡り、中村駅の手前で全長500メートルほどもある長い四万十川橋梁で四万十川《しまんとがわ》を渡ります。

この区間は前述の四国を東西に横切る主要な4本の断層帯（構造線）のうちの1本である安芸宿毛構造線が通っていて、その安芸宿毛構造線の断層帯の上を進むことになります。途中の山々は標高200〜300メートル程度とさほど高くはないものの、安芸宿毛構造線が四国を東西に横切る主要な4本の断層帯（構造線）の中では最も若い構造線（断層帯）であり、北側の中生代白亜紀（約1億5000万年〜約6500万年前）に形成された白亜紀付加コンプレックスと、南側の新生代古第三紀（約6500万年～約2300万年前）に形成された古第三紀付加コンプレックスとがぶつかり合うところなので、幼年期から壮年期にかけての地形を呈しており、非常にアップダウンが激しい区間になっています。また平地部はほぼ一面の湿地帯であったと推定されます。おまけに、最後に四万十川という非常に大きな河川の、川幅が広い河口付近が待ち構えています。

四万十川は、高知県の西部を流れる一級河川で渡川水系の本流です。全長196キロ、流域面積2186平方キロで、四国では最長の河川です。高知県高岡郡《たかおかぐん》津野町《つのちょう》の不入山《いらずやま》を源流とし、高知県の中西部を逆S字を描くように大きく蛇行しながら多くの支流を集め、四万十市で土佐湾（太平洋）に注ぎ込みます。河口付近では「渡川《わたりがわ》」という名前で呼ばれており、もともとの河川全体の正式名称もその渡川でした。「四万十川」はその渡川上流部の支流「四万川《しまがわ》」と中流部の支流「十川《とがわ》」の2つを指す名称でしたが、この四万十川が「日本最後の清流」として全国的に有名となり、その名称が広く認知されるようになったことで、平成6年（1994年）に河川法における公式名称も「渡川」から「四万十川」に変更されました。河川法における一級河川の名称変更はこれが初めての例となりましたが、水系名は「渡川水系」のままとなっています。

先ほど四万十川は高知県の中西部を逆S字を描くように大きく蛇行して流れていると書きましたが、これには地質帯が大きく関係しています。

四万十川の源流の不入山は秩父帯に属していますが、すぐに仏像構造線を越えて、あとは四万十市の河口で土佐湾（太平洋）に注ぐまで四万十帯という地質帯を流れます。この四万十帯は中生代白亜紀（約1億5000千万年～約6500万年前）から新生代古第三紀（約6500万年～約2300万年前）にかけて形成された典型的な付加体で、四国を形成する付加体では最も新しい時期に形成された地質帯です。四国を形成する他の地質帯と比べ比較的新しい時期に形成された地質帯であるため、典型的な壮年期の地形を呈しています。

四万十川の上流域から中流域にかけては、いくつもの支流を集めながら、壮年期の地形が織りなす1000メートル級の高い山々の間の深いV字谷を縫うように大きく蛇行しながら流れています。この四万十川の大蛇行は穿入蛇行《せんにゅうだこう》によるものです。穿入蛇行とは蛇行状に曲がりくねった谷の中を流れる河流の状態のことで、地盤が継続的に隆起しているところで多く見られます。

四万十川は「日本最後の清流」とも呼ばれ、その流れには常に穏やかなイメージがありますが、実は、「暴れ川」という側面も持っています。四万十川が流れる高知県は降水量が多く、四万十川も有史以来、梅雨の時期の大雨や台風の襲来のたびに洪水を繰り返してきました。記録に残る主な洪水被害は明治23（1890）年から平成26（2014）年までに13回発生しています。最近でも昭和47（1972）年7月に襲来した台風9号では支流の中筋川が戦後最大流量を記録し、床上浸水221戸、床下浸水493戸の被害が発生しました。

また、平成4（1992）年8月に襲来した台風11号では、支流の後川で観測史上最大の流量を記録し、床上浸水283戸、床下浸水158戸に及ぶ浸水による被害が発生しました。土木技術が進み、堤防の整備やダムの建設といった治水対策が進んだ現代でさえこういう状況なので、土木技術が未熟だった古代から中世・近世にかけては、さらに酷い被害が毎年のように発生していたことでしょう。

このように、投馬国の中心地であったと推定される現在の高知県宿毛市から陸路東方向に進もうとすると安芸宿毛構造線という断層帯の上を通っていくことになり、アップダウンの激しい幼年期から壮年期にかけての地形に加えて、四万十川、中筋川、後川といった渡川水系の川幅の大きな河川を次々に渡っていく必要があり、現実的ではありませんでした。

そこで、**南の方向に船で進み、四国の西南端にある足摺岬を回って、四万十川の東岸に上陸するという航路を選択したのではないか……と推定されます。これが「水行十日」です。**船で海を進むのであれば、そのまま目的地の近くまで船で行っちゃえばいいのではないか……とお考えになられる方もおられるかと思いますが、そこには「黒潮」という自然の脅威が行く手に待ち構えています。

「黒潮」の脅威

黒潮は、東シナ海を北上してトカラ海峡から太平洋に入り、日本列島に沿って東に向かい、房総半島沖に達する大規模な潮の流れ、海流のことです。日本近海を流れる代表的な暖流で、日本海流と呼ぶこともあります。その黒潮が日本列島に最初に衝突する場所が四国の足摺岬《あしずりみさき》です。黒潮は足摺岬近海では最大で約４ノット（時速約７・４キロ）のかなり速い速度で西から東に流れていて、足摺岬の沖で大きく蛇行し、四国の海岸線から大きく外れ、紀伊半島の南端の潮岬《しおのみさき》付近で再び日本列島に接近します。上手く黒潮に乗れば一気に東へ進むことができる高速道路のような潮の流れではありますが、これはかなり危険を伴う航海です。下手をすれば紀伊半島の南端の潮岬のさらに南を通って、どこまでも流されていってしまいます。

そこで**足摺岬を回ったところですぐに北東に針路を変え、四万十川の東岸に上陸するという航路を選択したのではないか**……と推定されます。距離は短くなりますが、そこは太平洋ですし、黒潮という非常に流れの速い潮流が流れている海域ですので、慎重の上にも慎重を重ねて潮待ちを繰り返しながら入り江伝いに進む〝地乗り〟の航海だった。これなら「水行十日」というのも納得できます。魏志倭人伝の第2部「倭国の風俗」のところで、「海を渡って行き来し中国を訪れる際、常に持衰《じさい》と呼ばれる生贄を船員の中から一人選び、もし使者が危険な目に遭ったりすると、その持衰は殺される」という記述がありました。このように船乗りも命がけだったわけですから、慎重の上にも慎重になります。

ここで違和感を覚えるのは、もしそういうことであれば**上陸する地点の名称が書かれていないとおかしい**という点です。かりにも邪馬壹国の玄関港です。末盧国や投馬国と同様にそれなりの規模の港を有した相当大きな都市（国）だったと思われるので、その地点の名称が出てこないというのはあまりにも不自然です。ですが、**上陸したの**

が四万十川の東岸であったとするならば、ここも投馬国の一部であったわけで、重複するため省略したのではないか……と推定されます。

何度も繰り返しになりますが、愛媛県愛南町から高知県宿毛市、土佐清水市、四万十市にかけての高知県西部の広い一帯は、かつて幡多郡（波多郡）と呼ばれた一つの〝国〟だったところです。その幡多郡が投馬国だったとするならば、この推測も十分に成り立ちます。

古代四国の幹線道路

次に問題になるのは陸路です。「陸行一月（陸路を１ヶ月）」という記述です。この**「陸行１ヶ月」という謎を解ければ、邪馬壹国がどこにあったのかの特定に繋がります。**

その謎の解明は以下の通りです。四国は、高知県の四万十市から四国を西から東に四国山地の山中を横断するように国道４３９号線が延びています。この国道４３９号線、起点は徳島市の本町交差点で、四国山地に沿って四国地方の中山間地域を東西に縦貫し、高知県四万十市の四万十川の東岸に至る国道で、総延長は348・3キロになります。四国の国道では国道11号線に次ぐ第2位の長大路線です。国道でもあり、地図の上では四国内陸部を袈裟懸けに短絡する主要道路のように見えますが、起点の徳島市徳島本町交差点から四国霊場八十八ヶ所第12番札所焼山寺への参道にあたる神山町内の区間（国道438号線との重複区間）、JR土讃線の豊永駅付近から大杉駅付近までの国道32号線との重複区間、高知県仁淀川町にある国道33号線との重複区間を除けば、ほとんどの区間が乗用車1台分の道幅、つまり2・5メートル程度しかない、いわゆる「酷道《こくどう》」と呼ばれる未改良道路になっています。一般的に言われる悪路であるほか、路面を覆うコケや落ち葉、脆い崖などが通行条件の悪い酷道の要素をすべて持っているような路線で、岐阜県の国道418号線や紀伊半島の国道425号線と並んで「日本三大酷道」の1つに数えられている、その方面のマニアの間では超有名な路線です。酷道マニアの間では、国道439号線の数字語呂合わせで「酷道ヨサク（与作）」と呼ばれています。

この国道４３９号線は、起点の徳島から西へ向かって進むと名東郡《みょうどうぐん》佐那河内村《さなごうちそん》、名西郡神山町、神山町からは鮎喰川に沿ってその上流まで遡り、美馬郡木屋平村（現・美馬市木屋平）、そして剣山（標高１９５５メートル）の山頂付近をかすめるように走り、有名なかずら橋のたもとを過ぎて、三好郡東祖谷山村《みよしぐんひがしいややまそん》（現・三好市東祖谷《みよししひがしいや》）に至ります。

〝麻を植える〟郡と書き、忌部神社《いんべじんじゃ》という神社がある麻植郡《おえぐん》（現・吉野川市）もその国道４３９号線沿いにあります。高知県に入ってからは長岡郡大豊町、吾川郡吾北村、吾川郡仁淀川町、高岡郡津野町、幡多郡大正町（現・高岡郡四万十町）……と通って高知県四万十市に至ります。吾川郡仁淀川町で国道33号線（松山街道・土佐街道）と、さらに高岡郡津野町で国道１９７号線（檮原街道）と交差します。また、剣山の山頂付近で徳島市の起点から重複していた国道４３８号線が分かれ、その国道４３８号線は北に向かって香川県坂出市に至ります。

ここから想像すると、この**国道４３９号線のルートは、古代においては四国各地を**

結ぶ主要幹線道路だったのではないでしょうか。国道439号線の総延長は348・3キロ、四万十市から剣山を経て邪馬壹国があったと推定される神山町まででも300キロを超える長大な一本道の道路です。しかも四国山地のど真ん中を東西に縦貫するため標高1000メートル以上の区間も多く、たくさんの荷物を持って1日で進める距離はせいぜい10〜15キロ。それだと陸路で1ヶ月というのは十分に理解できます。

古代の道が山の中を通っていることは、不思議なことではありません。橋梁技術が未発達だった古代においては、極力川幅が狭い所を通ろうと、道路は山の中、それも山の稜線の上を通るのが一般的でした。京都と江戸を結ぶ幹線道路も海側を通る東海道と、山の中を通る東山道があり、徳川家康が東海道五十三次を整備するまでは、東山道、すなわちその後の中山道《なかせんどう》のほうが一般的な交通路だったという事実があります。

そのため、国道439号線もかつては四国の一大幹線道路だったとしても、おかしいことではなく、むしろ極めて自然なことです。

褶曲山脈の稜線に道が延びていた可能性

先ほど四国の山々の特徴である褶曲《しゅうきょく》山脈は、屏風のような形状をしているとの話をしました。現在、国道４３９号線は主に河川に沿った谷の中腹あたりを通って延びていますが、古代では、ほぼ同じルートでもその上の山の稜線、すなわち屏風のようになった褶曲山脈の山々の上の稜線を通って道が延びていたのかもしれません。それならほぼまっ平らな道で、歩きやすかったのではないでしょうか。

国道４３９号線は、古生代の石炭紀（約3億6000万年〜3億年前）から中生代のジュラ紀（約2億年〜1億5000万年前頃）にかけて形成された日本列島で見られる最も古い地質帯の1つである秩父帯という緩やかな山並みの高原を通っています。古い地質帯であるため長い時間経過の中で風化・浸食が進み、地形的には山は丸みを帯びて起伏が小さくなり、谷幅は広がってそこを川が蛇行して流れる老年期の地形になっています。

しかも、秩父帯の代表的な岩石である石灰岩やチャートは、雨水による浸食を非常に受けやすい岩石でもあります。これは西日本最高峰の石鎚山《いしづちさん》（1982メートル）と第二峰である剣山（1955メートル）の山容の違いを見れば明らかです。

中央構造線のすぐ南側に位置し、三波川変成帯にある石鎚山の山頂は細長い岩稜で、周囲は目も眩むような断崖絶壁、ギザギザとした形状の岩峰が聳え立っているのに対して、仏像構造線のすぐ北側に位置し、秩父帯にある剣山の山頂付近はなだらかな草地になっていて、日本百名山の中でも非常に登りやすい山の1つとされています。国道439号線はその剣山の登山口の1つである見ノ越（標高1420メートル）を通っていますが、この見ノ越付近は標高1400メートルを超えるような山岳地帯でありながら、比較的なだらかな地形になっており、カーブが多いもののアップダウンはそれほど険しいものではありません。

上黒岩岩陰遺跡

このように、この国道４３９号線のルートが、縄文時代から続く四国の古代の主要幹線道路であったと推測できますが、それを証明するような遺跡が愛媛県上浮穴郡久万高原町にあります。それが上黒岩岩陰遺跡と猿楽遺跡です。

まず、上黒岩岩陰遺跡は、今から約１万４５００年前の縄文草創期早期〜縄文時代後期、さらには弥生時代にわたる複合遺跡です。延々１万年近くにわたり人が住んでいたという点で、長崎県佐世保市にある福井洞窟遺跡《ふくいどうくついせき》と並び貴重な縄文時代の岩陰遺跡であるとされています。上黒岩岩陰遺跡は久万高原町を流れる面河川《おもごがわ》が久万川と合流する御三戸《みみど》から久万川を約３キロ遡った右岸の河岸段丘上、国道33号線からほんの少し入ったところの高さ約30メートルの石灰岩が露出した岩陰にあります。昭和36年（１９６１年）の発見以来昭和45年（１９７０年）まで、５次にわたって発掘調査が実施されました。

その結果、浅いほうから第1層から第9層までの地層に遺物が包含されており、ここが縄文時代草創期から縄文時代後期までの約1万年近くにわたって使用されてきた岩陰であったことが判明しました。

特に、第4層からは約1万年前の縄文時代早期のものと推定される20体を超える埋葬人骨や、投槍の刺さった腰骨等が、また第9層からは細隆起線文土器、有舌尖頭器、矢柄研磨器、削器、礫器、緑泥片岩製の礫石に線刻した女神像線刻礫（石偶）などが一括して出土しました。この第9層からの出土品は、年代測定の結果、今から約1万4500年前の縄文時代草創期早期のものであることがわかり、昭和46（1971）年に国の史跡に指定されました。

猿楽遺跡

また、久万高原町には上黒岩岩陰遺跡以外にもいくつかの縄文時代から弥生時代にかけての遺跡が点在しています。その1つが猿楽遺跡です。猿楽遺跡は西日本最高峰の石鎚山（1982メートル）から続く石鎚山系の山々の南斜面に位置し、標高1080〜1100メートルの比較的緩やかな稜線上にある集落の遺跡で、平成20（2008）年に発見され、現在、愛媛大学埋蔵文化財調査室の柴田昌児教授（考古学）のチームと久万高原町教育委員会が中心となって学術調査が行われています。

これまでの調査により、猿楽遺跡は弥生時代中期から後期（紀元前1世紀〜紀元3世紀）にかけての集落の遺跡で、西日本で最も標高の高いところにある弥生時代の集落の跡の1つであることがわかっています。

通常、農耕を生業とする弥生社会においては低地を生活領域としており、標高10

古代四国の主要交通路

上黒岩岩陰遺跡
邪馬壹国
(旧粟国)
鷹ノ巣山遺跡
上黒岩岩陰遺跡
▲剣山(1955m)
京柱峠
(1123m)
猿楽遺跡
国道439号線(通称:酷道ヨサク)
徳島県徳島市〜高知県四万十市 総延長:346.0Km
投馬国
(旧波多国)
猿楽遺跡

0メートル以下の地域に多くの遺跡が立地しているのに対し、この猿楽遺跡は弥生集落の立地選定原理からは大きく逸脱した標高1000メートルを超える極めて高い位置に立地する弥生集落であるという特徴があります。

山岳地帯に集落の遺跡がある謎

私は、上黒岩岩陰遺跡の発掘現場に建つ上黒岩岩陰遺跡考古館を何度か訪れたり、猿楽遺跡の発掘調査にも参加していますが、その際にいつも思うのは、**「なぜ、縄文草創期早期から弥生時代にかけての集落の遺跡が、標高1000メートルを超える四国山地の山岳地帯の中にあるのか?」という謎**です。

このような食糧の確保も難しい場所に集落を形成して、約1万年もの間、人々が暮らしていた理由はただ1つしか考えられません。それは、**ここを人々の往来の多い交易路が通っていたから**です。

上黒岩岩陰遺跡は、江戸時代以前に伊予国の松山と土佐国の高知を結ぶ土佐街道（松山街道）と呼ばれていた旧街道とほぼ同じ経路を辿る国道33号線沿いにあり、猿楽遺跡のある山の稜線も旧土佐街道（松山街道）のほぼ経路沿いにあります。松山と高知を結ぶ道は天智天皇により久万官道《くまかんどう》として西暦６６２年に開かれたとされています。

この道はその後、江戸時代に至るまで松山と高知を結ぶ主要道として使用され、江戸時代には松山街道・土佐街道と呼ばれました。この松山街道・土佐街道は山の稜線を通る道で、弥生時代からの道を整備を繰り返して使用したものと考えられています。猿楽遺跡周辺に残っている土佐街道の跡は現在一面のクマザサに覆われていますが、見る限り山の稜線を行くほぼまっ平らな道のようになっています。

自動車の普及に合わせて、山の稜線を行くルートから、下の久万川や面河川、仁淀川の流れに沿ったルートに変更にされたのは、大正９（１９２０）年のことで、松山〜高知間が県道松山高知線に認定されました。大型自動車の通行を可能とするため両県の県境付近を中心に道路改修や橋梁の架け替えが実施されたのが昭和９（１９３４）

年で、その後、昭和20（１９４５）年に内務省告示第１号により国道23号に認定され、昭和27（１９５２）年の新道路法にもとづく路線指定で国道33号として指定されました。

このように、国道33号線は昭和の時代に入ってから整備されたもので、**今の時代の感覚で古代の交通路を考察してはいけない**ということです。

猿楽遺跡のすぐ近くにある県境を越えて高知県に入ると、そこを四国山地の山中を東西に横切る国道４３９号線が通っています。前述のように、私はこの国道４３９号線を古代の四国の幹線道路（高速道路）だったと推測していて、魏志倭人伝に出てくる邪馬壹国へのルートのうち最後の**「陸行一月」はこの国道４３９号線のルートのことではないか**……と睨んでいるのですが、もしそうであったとしたら、この猿楽遺跡はこの四国の幹線道路の途中にあるサービスエリアのような場所だったのかもしれません。

その仮説を補強するヒントを上黒岩岩陰遺跡考古館で見つけました。上黒岩岩陰遺跡考古館には上黒岩岩陰遺跡の第４層から出土した約１万年前の耳飾りやペンダントなどの装身具の数々が展示されています。縄文時代も女性は装身具で飾っていたようです。驚くべきはその装身具に海で採れる美しい貝殻（タカラガイなど）が使われていることです。特にタカラガイは熱帯から亜熱帯の暖かい海域に分布する美しい貝です。海から遠く離れた標高1000メートル近い山の中の縄文時代の遺跡から、なぜ、南の暖かい海で採れる美しい貝殻の飾りが出土されているのか？……と不思議に思ったのですが、**約1万年前でも山の民と海の民との間で交流（交易）があった**と考えると、納得がいきます。その交易路が、おそらく現在の国道439号線のルートだったのではないでしょうか。

前述のように国道439号線の西の終点は高知県の四万十市。黒潮が日本列島で最初に衝突する足摺岬のすぐ近くです。もしかすると国道439号線のルートは縄文時代から存在した道だったのかもしれません。

邪馬壹国比定の重要な鍵を握る猿楽遺跡

猿楽遺跡は弥生時代中期から後期（紀元前1世紀〜紀元3世紀）にかけての集落跡で、紀元3世紀といえば、まさに邪馬壹国卑弥呼の時代です。私は**猿楽遺跡を邪馬壹国の場所の比定に結びつく重要な遺跡**だと睨んでいます。

弥生集落の立地選定原理から大きく逸脱した標高１０００メートルを超えるような極めて標高の高い位置であることからこれまでノーマークで見つかっていなかっただけで、その気になって調査すると、上黒岩岩陰遺跡や猿楽遺跡以外にも、徳島県から高知県、愛媛県にかけて、この国道４３９号線沿いには同じようなかつてサービスエリアのような場所であったところの遺跡がいくつも見つかるのではないか……と期待しています。

実際、猿楽遺跡の周辺には猿楽Ⅱ遺跡、赤蔵ヶ池東遺跡といった同じく弥生時代中期から後期にかけての遺跡がいくつか発見されていて、近隣の高知県吾川郡いの町の鷹ノ巣山遺跡からも弥生時代中期から後期にかけての土器の破片が発見されています。これらの遺跡はどこも猿楽遺跡と同様に、標高が千メートルを超えるような山の稜線のすぐ近くにあります。

邪馬壹国の官(役人)の名前

魏志倭人伝に書かれている邪馬壹国の官（役人）の名前も気になるところです。伊支馬《いきま》、彌馬升《みましょう》、彌馬獲支《みまわき》、奴佳鞮《なかてい》。特に気になるのが彌馬升と彌馬獲支です。この国道439号線の沿線には美馬《みま》郡木屋平村（現・美馬市木屋平《みましこやだいら》）があります。**彌馬《みま》とは邪馬壹国で卑弥呼を支える有力者の苗字だったのかもしれません。**

〝みま〟と言えば、現在は宇和島市に編入されていますが、愛媛県にもかつては北宇和郡三間《みま》町という町がありました。この旧三間町は私が福岡県行橋市あたりと推定した不弥国から、愛媛県愛南町から高知県宿毛市あたりと推定した投馬国への経路上にあるのです。

魏志倭人伝には**「投馬国から邪馬壹国まで1ヶ月を要する」**……と書かれていることも気になります。同じ陸路でも九州では末盧国から伊都国まで東南に五百里（約40キロ）、伊都国から奴国まで東南に百里（約8キロ）、奴国から不弥国まで東に百里（約8キロ）……と百里（約8キロ）を最短の単位として途中の経路が紹介されていたのが、投馬国から邪馬壹国までは実にアッサリと「陸路1ヶ月」という表現だけです。

途中に特筆すべき国（都市）のようなものが一切なく、迷うことのない一本道をただひたすら前へ前へと進むということを意味しているのではないでしょうか。このことも投馬国から邪馬壹国までの陸路が現在の国道439号線と重なるということの証拠に十分になり得るのではないでしょうか。

倭国は会稽東治の東にある

魏志倭人伝には「女王国より北は、おおよその戸数や距離を記すことができるが、その他の国ははるかに遠く、詳細はわからない」という表現があります。これは**瀬戸内海を挟んだ北側（の今の中国地方）にも国はあるけど、まだそこまでは倭国（邪馬壹国）の統治は十分には及んでいない**と読み取ることも可能です。

北部九州の北側には日本海しかありません。この時点で邪馬壹国北部九州説は論理破綻しています。畿内説も「女王国より北」を特定できません。

さらに「（帯方）郡を出て女王国まで一万二千里である」という文章もあります。短里で一万二千里というと約900〜1000キロです。帯方郡は朝鮮半島に北方、もしくは当方の、現在の平壌（ピョンヤン）付近にあったと推定されることから、邪馬壹国が四国の徳島県にあったのだとすると、だいたいその約900〜1000キロ

倭国は会稽東治の東にある

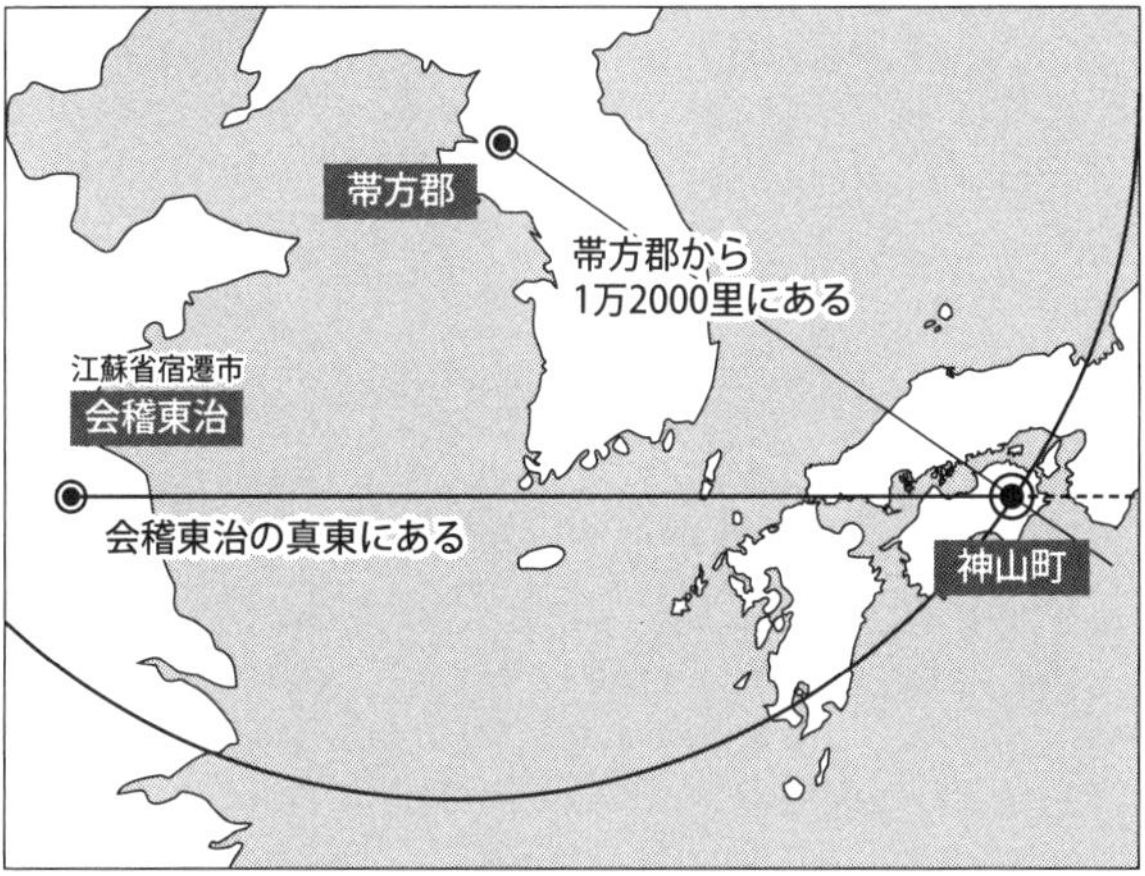

圏に入ります。

決定的なのが「第2部　倭国の風俗」にある**「倭国は会稽東治《かいけいとうや》の東にある」**という記述です。ここに登場する会稽東治とは中国の秦代から唐代にかけて存在した郡の名称で、司馬遼太郎先生の小説『項羽と劉邦』に登場し、鬼神のごとき武勇で秦を滅ぼした楚《そ》の英雄・項羽《こうう》が本拠とした歴史的古都です。

その楚の項羽と漢の劉邦が秦を滅ぼしたのが紀元前206年のことなので、魏志倭人伝が編纂された時代はそれから約400年後。当時は会稽東治という地は、中国内でよく知られた都市の1つだったと推定されます。

会稽東治はその項羽の故郷にあった下相城のことだとされています。平成18（2006）年4月、驚くような報道が中華人民共和国でありました。江蘇省南京博物院考古研究所や江蘇省宿遷市文物管理事務室からなる合同考古チームが、揚州北部の長江（揚子江）下流域、現在の江蘇省宿遷市《しゅくせんし》でその下相《カショウ》城、すなわち会稽東治の遺跡を発見したという報道です。発掘の過程で数多くの陶器の破片や瓦などが出土し、それらはいずれも秦や漢の時代のものと認定されたとのことです。

驚くべきはその宿遷市の緯度です。宿遷市の緯度は北緯33度56分。一方、本書で邪馬壹国があったと推定する徳島県名西郡神山町《みょうざいぐんかみやまちょう》の緯度は北緯33度58分。魏志倭人伝には「倭国は会稽東治の東にある」と書かれていますが、倭国の中心（邪馬壹国）が徳島県名西郡神山町にあったとするならば、まさにピッタリの位置関係、すなわち真東にあるのです。

もうここまで来ると、疑いようがありません。女王卑弥呼が倭国を統治していたという邪馬壹国はどこにあったのか？……という日本の古代史の最大の謎に対する一大論争に終止符を打つ時が来たようです。

間違いなく、**邪馬壹国は四国、それも徳島県の剣山の麓にある現在の徳島県名西郡神山町にあった**と考えざるを得ません。

第5章

魏志倭人伝に記された決定的証拠の数々

倭国を形成する国

魏志倭人伝の第2部「倭国の風俗」の中ほどに、「倭の地を詳細にみると、大海の中の離れた島の中にあり、離れたり連なったりしている。一周まわると五千里（約4000~5000キロ）くらいである」という文章があります。これは、「倭国が四国である」ということを意味しているように読み取れます。

北部九州説、畿内説ではこの表現はあてはまりません。魏志倭人伝の第1部「倭国までの行程と倭国を形成する国々」の最後の部分に、斯馬国《しまこく》、已百支国《いわきこく》、伊邪国《いやこく》をはじめとした女王卑弥呼を中心として都市国家連合・倭国を形成する21の国々の名称が出てきます。

これらの国々がどこにあったのかは謎ですが、その推定のヒントになりそうなのが、大和朝廷が統一した部落国家に置いた地方長官である**「国造《くにのみやつこ》」の所在**です。

古代、四国には長《なが》、粟《あわ》、讃岐《さぬき》、伊余《いよ》、怒麻《ぬま》、久味《くみ》、小市《おち》、風早《かざはや》、波多《はた》、都佐《とさ》の10国に国造が配置されていたと前述しましたが、魏志倭人伝の第1部「倭国までの行程と倭国を形成する国々」の部分で登場する「斯馬国、已百支国、伊邪国をはじめとした女王卑弥呼を中心として都市国家連合・倭国を形成している21の国々」に、国造が置かれた10国はほぼ含まれていると思われます。**倭国が四国だとすると、「大海の中の離れた島の中にあり、離れたり連なったりしている。一周まわると五千里（約400キロ〜500キロ）くらい」という表現はかなり正しい**と思われます。

狗奴国の位置

次に「その南に狗奴国があり、男子を王としている。その官を狗古智卑狗《くこちひく》といい、女王には属していない」と書かれており、第3部「倭国の政治と外交」の項にも「倭の女王卑弥呼は、もとから狗奴国《くなこく》の男王卑弥弓呼《ひみくこ》と不和であった」という記述があります。

邪馬壹国阿波説を唱えている研究者の中でも、狗奴国は徳島県の南に隣接する高知県の東部にあったとする意見も多いのですが、私はこれに疑問を持っています。

先ほど投馬国の説明のところで、高知県（土佐国）は西部の幡多（波多）地方から栄えていき、後に土佐国となる都佐国は、当時はまだ人口が少なく、小さな豪族が覇権を争っている最中で、大きな豪族が統一するまでには至っていなかったのではないかということを書かせていただきました。また、かつては都佐国へは西部の波多（幡多）国から陸路で行くしか方法がなく、東の阿波国から都佐国へ向かう道は存在していませんでした。阿波国から土佐国の国府へ直通する新道の建設が許可されたのは魏志倭人伝が編纂された時代よりずっと後の養老2（718）年のことで、その際に整備されたとされる野根山街道が開通したことで、都佐国が発展していき、西部の波多（幡多）国は徐々に衰退していったということも書かせていただきました。

ここから推察するに、**高知県東部には邪馬壹国の卑弥呼を脅かすほどの勢力を持っ**

四国における古代の国造配置

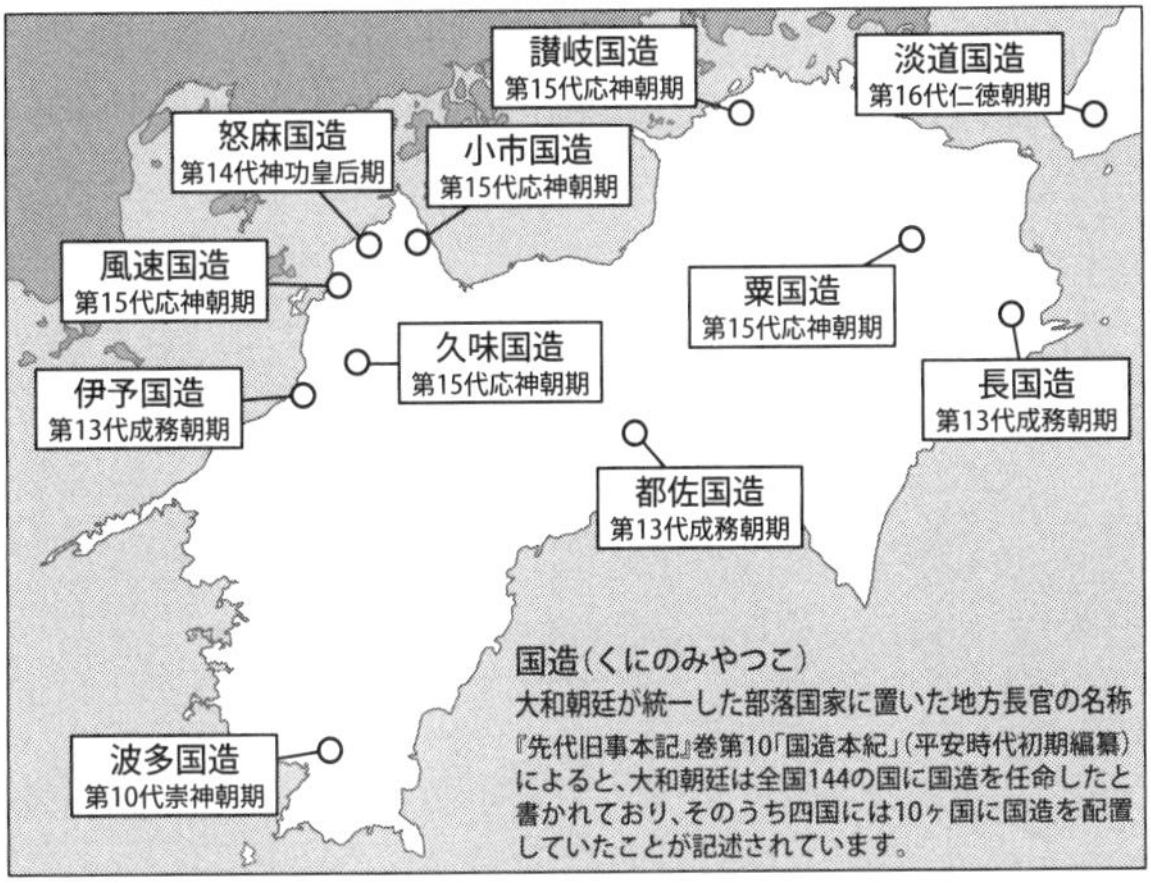

た狗奴国は存在しなかったと考えるのが妥当です。この狗奴国があったとする解釈は「その南」を「邪馬壹国の南」と読み取ったことから来るのだと思いますが、これを「倭国（あるいは倭国の勢力圏）の南」と読み解くと、別の推定ができるように思います。

　私は**狗奴国が、日本の記紀神話に登場する、現在の九州南部に本拠地を構えて、大和王権に抵抗したとされる熊襲《くまそ》のことではないか**……と推察しています。先ほど不弥国の説明の中で、不弥国があったと推定した行橋市はかつて福岡県京都《みやこ》郡に属しており、その京都郡という雅な地名は、第12代景行天皇の時代に九州南部を拠点にした熊襲が背いたため、それを征伐すべく景行天皇自らが西に下り、この豊前国の地に行宮《かりみや》を設けたことに由来する……と書かせていただきました。それとも一致します。

邪馬壹国消滅の謎

いきなり「邪馬壹国消滅の謎」という項目名が出てくるのを見て、驚かれた方も多いかと思います。江戸時代中期の元禄年間に江戸幕府を代表する国学者の１人、新井白石が取り組んで以来、３００年以上の長きにわたり多くの歴史学者が挑戦してきて、解明できなかった邪馬壹国の場所。それを解明できない理由は、邪馬壹国があった痕跡がどこにも残されていないからです。なぜ痕跡が残っていないのか？　さらに言うと、邪馬壹国はなぜ忽然《こつぜん》と姿を消したのか？　実は**邪馬壹国消滅の謎のヒントになる一文が、魏志倭人伝には書かれている**のです。

第3部「倭国の政治と外交」冒頭の部分に「女王の国の東には、海を渡って千里ばかり行くとまた国がある。これも皆、倭と同一の種族である」という表現が出てきます。これも邪馬壹国が四国にあったという有力な証拠、そしてその後の「邪馬壹国消滅の謎」を解く重大なヒントになります。

徳島から東へ海（紀伊水道）を渡って千里（約80キロ）も行くと、紀伊半島、近畿地方です。北部九州説・畿内説（近畿地方説）だとこうはいきません。北部九州説ですと東に海を渡って千里も行くと中国地方・四国地方がありますが、ちょっと無理があり、畿内説だと海を渡って東に千里行ってもこの表現に合致する適当な陸地はありません。畿内が奈良県のどこかのことだとすると、東は紀伊半島の山々になります。

魏志倭人伝には、魏国の皇帝・曹叡《そうえい》から邪馬壹国の女王・卑弥呼に対して「親魏倭王」という称号が与えられたという記述があり、少なくとも魏国の皇帝は倭国を重要な同盟国として認めていたので、当時の倭国は魏国が認めるほどの国力を持った国であったということは容易に想像ができます。実際、それから約４００年後の西暦６６

3年には、倭国は朝鮮半島にまで出兵し、新羅・唐の連合軍と戦う（白村江の戦い）までの大戦力を保持するまでになるわけですから。この国力は単に阿波国（現在の徳島県）の一国だけでは構築・維持することは到底できないため、阿波を中心にしてかなり広い面積の勢力圏を保有していたと推察されます。少なくとも近畿地方は直接的・間接的に支配していたと思われます。

その国力の源泉はコメ、すなわち稲作です。この頃には寒冷期だった弥生時代も終盤を迎え、水稲耕作による稲作が始まり、産業の形態が大きく変わりつつあったと考えられます。ちょうどその頃から日本では古墳時代に入ります。

古墳時代とは3世紀半ば過ぎから7世紀末頃までの約４００年間のことです。例えば、世界最大の巨大古墳である大阪府堺市にある仁徳天皇稜（大仙古墳：5世紀前期～中期に構築）に祀られているとされる第16代天皇・仁徳天皇は西暦３９９年に没されたことになっています。

古墳開発は残土処理のため？

古墳は王家の墓ではなく、巨大な土木工事（水田開拓）の残土処理目的で作られたものではないかという説があります。私もエンジニアとしてその説には同意見です。もしそうだとすると、倭国による近畿地方進出は水田開拓のための一大プロジェクトだったのではないでしょうか。

徳島県の吉野川流域は毎年のように大規模な河川氾濫が起きることから、大規模な稲作には不向きな土地です。そこで、リスク回避のために紀伊水道を挟んだ対岸の近畿地方において、広大な水田開拓を実施したのではないかと思われます。

近畿地方の大阪平野は今から約５０００年前の縄文海進の頃はほぼ全域が海の中でした。気候が寒冷化に向かった弥生時代には海岸線が徐々に後退して陸地化していきましたが、当時はあちこちに大小の湖沼が点在する、ほとんど人が住んでいないような一面の広大な湿地帯だったのではないか……と推察されます。

そこで、邪馬壹国（倭国）の人たちは力を合わせて、そこを稲作ができる水田へと開拓していったのではないかと考えられます。邪馬壹国には7万戸の家があったとされているので、労働力としては十分です。事実として、大阪平野の南部の河内地方の北部にはかつて草香江《くさかえ》と呼ばれる大きな湖があり、その湖が干拓された5世紀頃に現在のような大阪平野の形ができあがったとされています。

その**水田開拓の残土処理目的で作られたのが、巨大な前方後円墳だった**ということではないでしょうか。大阪府堺市にある仁徳天皇稜（大仙古墳）などはあまりに海岸線に近く、当時はまさにその湿地帯のど真ん中にあったと推定されます。エンジニアとしては、その世界最大規模の巨大古墳である仁徳天皇陵の建設に用いられた膨大な量の土砂を、いったいどこから持ってきたのかが、大いに気になるところです。

奴国の位置

魏志倭人伝の第1部「倭国までの行程と倭国を形成する国々」に書かれた斯馬国《しまこく》、己百支国《いわきこく》、伊邪国《いやこく》をはじめとした都市国家連合・倭国を形成している21の国々のうち、最後に登場するのが「奴国《なこく》」です。これが倭国の人たちが移住していって開拓をした国のことだったとすると、49ページの「縄文海進」の図を確認するとわかるように、大阪平野がまだ多くの湖沼が点在する一面の湿地帯で、人が住めるような場所ではなかったと推定される当時の地形から考えて、**奴国は現在の奈良盆地にあったのではないか**と推定できます。

この当時には、すでに倭国の勢力圏は近畿地方にまで進出していて、この地がある理由でもって、後の律令制における大和国になっていったのではないか、と推定しています。「女王の国の東には、海を渡って千里ばかりいくとまた国がある。これも皆、倭と同一の種族である」の後には、「その奴国の南に侏儒国《しゅじゅこく》がある」という文章が続きます。だとすると、この**侏儒国は現在の和歌山県から三重県の熊野地方にかけて存在した国のことではないか**……と推定できます。そして、魏志倭人伝が書かれた後の時代に、倭国による近畿地方の開拓が進むにつれて、この侏儒国もすぐに倭国の中に組み込まれていったのではないでしょうか。

古代日本の第40代天武天皇の時代に成立したとされる律令制において、広域地方の行政区画として定められたものに「五畿七道《ごきしちどう》」があります。

五畿とは畿内ともいい、大和、山城、摂津、河内、和泉の五国。それぞれ現在の奈良県、京都府中南部、大阪府、兵庫県南東部を合わせた地域のことです。七道とはその畿内以外の日本列島の地域、すなわち東海道、東山道、北陸道、山陽道、山陰道、南海道、西海道という地域のことです。現在の日本各地の地方名の多く（東海、北陸、山陽、山陰など）はこの五畿七道に由来しています。

このうちの南海道は現在の徳島県、香川県、愛媛県、高知県という四国の4県と、三重県熊野地方、和歌山県、そして淡路島を合わせた地域のことです。ここも重要なポイントで、魏志倭人伝に書かれた記述をそのまま読むと、**倭国の本体はこの南海道と五畿を合わせた地域**という風に捉えることも可能です。

「夢の国」を奈良に

〝倭国〟の〝倭〟は、音の〝ワ〟の中国における漢字での当て字で、紀元前から中国各王朝が日本列島を中心とする地域、及びそこに住む住人を指す際に用いた呼称です。紀元前後頃から7世紀末頃に国号を「日本」に変更するまで、日本列島の政治勢力も、倭もしくは倭国と自称したようです。その後、表意文字としての漢字が持つ意味を知るようになって、日本では同じ音の〝ワ〟でも、漢字の〝和〟を当て字として使うようになったのではないでしょうか。

〝和〟には調和、平和、均衡、争わないことといった意味があり、推古天皇12（西暦

604）年に聖徳太子が作ったとされる「十七条憲法」の第一条に「以和為貴（和を以って貴しと為す）」と書かれているように、〝日本国〟を意味する文化的概念が込められた一字です。

〝和〟は、まさに都市国家の連合体からスタートした我が国を一字で表すのに最も相応しい漢字なのです。そして、**四国の徳島を中心に暮らしていたその「倭（和）国」の人たちが大量に新天地である近畿地方に移住して新しくできた国が「大倭（大和）国」**。「大倭（和）」の〝大〟には〝新しい〟という意味が込められて冠されているように思います。

すなわち、**大倭（大和）国は倭（和）国により計画的に建設された新たな「夢の国」**という具合に受け取るのが妥当なのではないでしょうか。その新たな夢の国を建設した場所は現在の奈良県です。

なぜ、近畿地方でも内陸部の奈良県なのか……ということですが、当時の大阪平野はあちこちに湖沼が点在する、ほとんど人が住めるような状態ではない一面の広大な湿地帯だった……と考えるならば納得がいくところです。その新しい国に都市国家連合・倭（和）国の中心だった邪馬壹国の呼び名である「ヤマトィ」を訓読みとして当てるように、高貴な人物が取り決めたことで、「大和＝ヤマト」になったのではないか……と推察できます。でないと、漢字古来の音読みや訓読みでは、〝大和〟を〝ヤマト〟とは絶対に読めません。

ちなみに、巨大な古墳がもともと王家の墓として建造されたものではないというなによりの証拠は、近畿地方で農地（水田）がある程度整備され、次に藤原京や平城京といった本格的な首都の造営が始まった7世紀末以降、巨大な古墳はほとんど作られなくなったという事実です。

超巨大地震をきっかけに集団移住

このように、経済の中心は徐々に倭国にとっての新天地である近畿地方（大倭国）

に移っていったものの、首都機能はしばらくは倭国の中心地であった阿波の邪馬壹国に残っていたと考えられます。しかし、**あるきっかけでその邪馬壹国をはじめとした倭国は近畿地方（大倭国）に首都機能を移すどころか、集団で移住せざるを得ない事態に陥ったのではないか**と考えられます。

その際、人の移住だけではなく、それまでの歴代天皇の墳墓の大規模な移設も一緒に行われたのかもしれません。**そのきっかけとなったのが、西暦６８４年に発生した「白鳳《はくほう》大地震」**です。

白鳳大地震は南海トラフを震源とした超巨大地震に関する記録のうち、日本書紀に記述されている日本最古の記録です。地形や地質、気候条件が大きく変わらない限り、自然災害は同じような規模の事象が繰り返し発生するわけで、過去に発生した災害の記録を調べることは、今後の防災を考える上において大いに参考になります。私は防災の観点から古文書、特に日本書紀に書き残された大規模な自然災害の記録を調べているうちに、この白鳳大地震のことを知り、その被害の規模の大きさから驚愕しました。

白鳳大地震に関して、日本書紀には次のように記述されています。

「天武天皇十三年冬十月壬辰。逮于人定、大地震。挙国男女叺唱、不知東西。則山崩河涌。諸国郡官舎及百姓倉屋。寺塔。神社。破壊之類、不可勝数。由是人民及六畜多死傷之。時伊予湯泉没而不出。土左国田苑五十余万頃。没為海。古老曰。若是地動未曾有也。是夕。有鳴声。如鼓聞于東方。有人曰。伊豆嶋西北二面。自然増益三百余丈。更為一嶋。則如鼓音者。神造是嶋響也。」

ここから読み取れることは、白鳳大地震は天武天皇13年10月14日人定（亥時：西暦684年11月29日）に発生しました。この地震では畿内から四国にかけての非常に広い範囲で山崩れや、河涌くとする液状化現象を思わせる記録が残り、建物の倒壊や伊予国にあった温泉の湧出の停止など甚大《じんだい》な被害が報告されています。

特に土佐国（現在の高知県）での被害が大きく、田畑50余万頃（約12平方キロ）が海中に没したと記録されています。加えて土佐国には津波が襲来し、調を運ぶ船が多数流失したという記録も残っています。当時は現代のように地震計もなく、文字による断片的な記録しか残っていないため不確定なものではありますが、紀伊半島沿岸で発見された津波堆積物などから、震源域は南海トラフのうち高知県沖の土佐海盆や室戸海盆から紀伊半島沖の熊野海盆にかけての非常に広い範囲で、地震の規模を示すマグニチュードはＭ８〜９と推定されています。

南海トラフとは四国の南の太平洋の海底にある水深４０００メートル級の深い溝のことで、この南海トラフを境界面として南側の海洋プレートであるフィリピン海プレートが、北側の大陸プレートであるユーラシアプレートの下に沈み込んでいる収束型のプレート境界です。数十年から数百年間隔で南海トラフの衝上断層《しょうじょうだんそう》及びそれに付随する断層を震源とする巨大地震が発生していることで知られています。白鳳大地震に関しては、日本書紀に記述されていることに加えて、様々な甚大な被害をもたらしたことが全国各地の伝承として今も残っていて、南海トラフ巨大地震と推定される地震の確実な記録としては、日本最古の地震と言われています。

私の本籍地は愛媛県今治市朝倉（旧越智郡朝倉村）というところですが、『朝倉村誌』によると、この朝倉の地にはかつて天然の良港である朝倉港があり、畿内と九州を結ぶ中間碇泊地《ていはくち》として栄えていましたが、白鳳地震によってもともと遠浅であった海が陸化して府中平野が出現し、碇泊地は朝倉郷から桜井郷の湊に取って代わられた……と記載されています。おそらく白鳳大地震によって5メートル近く地面が一気に隆起したのではないか…と推定されます。

また、愛媛県松山市来住《きし》町から南久米町にかけての来住台地に「久米官衙遺跡群《くめかんがいせきぐん》」と呼ばれる古代の官衙《かんが》関連遺跡があります。この久米官衙遺跡は東西約５００メートル、南北約４００メートルに渡って広がる広大な役所の跡で、７世紀前半（西暦６００年代前半）に建設されたものと推定されています。現在わかっている中で、日本最古の本格的な役所の跡です。

この久米官衙は7世紀後半に忽然《こつぜん》と姿を消すのですが、7世紀後半というと、どうしても白鳳大地震（西暦684年）が想起されます。

藤原京造営の謎

この超巨大地震による壊滅的な被害を受けたことで、倭国はそれまでの首都であった阿波の地を完全に放棄して、都市国家連合・倭国を形成していたその他の国々の人達を伴って、近畿地方にあった大倭国へ完全移転することとなったのではないかと考えられます。以降、藤原京→平城京→長岡京→平安京と遷都します。白鳳大地震の発生した西暦684年は7世紀末。**近畿地方で巨大な古墳が作られなくなった時期と一致することから、人々は墳墓の造営よりも、都市を建設することに注力するようになった**と考えられます。

藤原京造営以前にも、主に飛鳥時代を中心に、この地域に多くの天皇の宮と思しき建物や墳墓等関連施設の遺跡も周囲に発見されていることから、当時の倭国の首都としての機能も少なからずあったと考えられ、一部の歴史学者から「飛鳥京」と呼ばれることもありますが、これまでの発掘調査などでは藤原京以降でみられるような宮殿の周囲を取り囲むように建設された臣民の住居や施設などは見つかっておらず、全体像を明らかにするような考古学的成果はほとんどあがってきていません。

また、遺跡の集まる範囲は地政的に「飛鳥京」と呼べるほどの規模を持たず、実態は不明確であり、歴史学や考古学の文脈での「飛鳥京」は学術的ではないとされています。この時点で、邪馬壹国畿内説は破綻します。

邪馬壹国には約7万戸もの家があったとされているわけですから。飛鳥に残る天皇の宮と思しき建物や関連施設の遺跡は、単なる出先機関の建物の跡なのではないかという説もあります。

藤原京遷都以前の首都は「阿波国」？

奈良地方（近畿地方）における本格的な首都機能を持つ都市は藤原京が最初です。**藤原京遷都以前は、どこか別のところに首都機能があったと考えるのが妥当です。それが「阿波国」です。**

阿波国から奈良地方だと、途中に淡路島という天然の本州四国連絡橋もあり、昔から「撫養《むや》街道」という旧街道が通っていたので、大人数の民の移動を伴う首都機能の大移動も、距離的に決して不可能なことではありません。（この首都機能の移転という点で、距離的に遠すぎるということで、邪馬壹国北部九州説も破綻します。）

繰り返しになりますが、白鳳大地震は四国の南の太平洋の海底にある南海トラフが動いたことで、中央構造線や御荷鉾構造線といった主要な断層帯までもが断層活動により大きく動いたと推定される超巨大地震で、中央構造線や御荷鉾構造線が東西に横切る阿波国が無事だったとは到底考えられません。

直下型の激しい揺れと巨大津波を受けて、邪馬壹国が壊滅的ともいうべき甚大な被害を受けたことは容易に想像できます。これは**それまで暮らした阿波の地を捨て、首都機能を移すという大英断を下すうえで決定要因になり得ます。**

その際には、阿波国のみならず、前述の久米官衙を中心とした久味国を含め、四国全土から多くの人々の大移動が起き、邪馬壹国にしたがって畿内に移住したのではないかと思われます。

それにより倭国の中心が四国から近畿地方に移され、〝大和（大倭）〟と呼ばれるようになったのではないでしょうか。ちなみに、日本書紀には藤原京以前の7世紀に「飛鳥板蓋宮（西暦６４３年）」「難波長柄豊崎宮（西暦６４５年）」「飛鳥宮（西暦６５５年）（いずれも皇極天皇、斉明天皇期。皇極天皇と斉明天皇は重祚）、「朝倉宮（西暦６６２年）」「近江大津宮（西暦６６７年）」（天智天皇期）、「飛鳥浄御原宮（西暦６７２年）」（天武天皇期）といった都の名称が記述されており、頻繁に遷都が繰り返されていたようになっていますが、それらの都がどこにあったのかは、いまだ明確には解明されておりません。おそらく都というより行宮《あんぐう》（天皇の行幸時の一時的な宮殿）、すなわち出先機関の建物のようなものだったのではないでしょうか。

さらに、白鳳大地震が起きたのが西暦684年で、第41代持統天皇が藤原京の造営を始めたとされるのが西暦690年、藤原京の遷都が西暦694年、さらに、第43代元明天皇により平城京に遷都されたのが西暦710年。時系列的にも腑に落ちるところがあります。以前旅行で奈良を訪れて平城京跡を観た時に、なんで突然こんな大規模な都がこの国に現れたのか？……という素朴な疑問を感じたことがあります。この都に住んでいた人たちは、ここに住む以前はいったいどこで暮らしていたのだろうか？……と。

数学者で日本史学者の沢田吾一《さわだごいち》氏が1927年に著した『奈良朝時代民政経済の数的研究』によると、奈良時代における日本の総人口はおおよそ560万人。沢田吾一氏は数学者らしく『和妙抄《わみょうしょう》』に書かれた郷の数、一郷の戸数に戸数の平均人口をかけた人数からこの人口を推定されています。その沢田吾一氏が推定した平城京の当時の人口は約20万人。これには諸説ありますが、都市の規模から推定される藤原京との比較から言っても、そこまではいかず約10万人くらいだったのではないでしょうか。

平城京に遷都される前まで都が置かれていた藤原京の当時の推定人口は、約３万人だとされています（奈良県橿原市のＨＰ）。藤原京は日本で初めて建設された本格的な首都、計画都市なわけで、その約３万人もの人々がいったいどこからやって来たのかという疑問が残ります。さらに、藤原京から遷都された平城京の人口が約10万人。急に人が湧いてくるわけでもないので、この差の約７万人がいったいどこからやって来たのかという疑問も残ります。

これに都の周辺人口が加わります。おそらくその2〜3倍の人たちが都の周辺に住んでいたと考えられます。当時の日本の総人口が約５６０万人だったと推定されることを考えると、この藤原京↓平城京の人口の急増は極めて異常です。藤原京ができたのが西暦６９４年で、平城京に遷都されたのが西暦７１０年。わずか16年でここまでの人口の自然増はふつう考えられません。

また、藤原京や平城京へ遷都するにあたっては、広大な敷地の整地からはじまって大規模な土木工事や建設工事を同時並行して進める必要があったため、作業をする多くの人々が必要でした。実際にどのくらいの人々がこの工事に参加していたのか正確な人数はわかりませんが、現在のようにブルドーザーなどの重機もなく、ほとんど人力だけで工事を進めざるを得ない時代のことですから、毎日約1万人近い人々がほぼ専従で動員されていたのではないでしょうか。近隣の近畿地方に住む人たちは建設期間中も稲作をはじめとする日々の暮らしがあるので、これだけの人員の継続的な大量動員は無理というもので、この大量の作業員をどこから連れて来ていたのかという疑問も残ります。

それと建設資材調達の問題もあります。これだけ大規模な都を続けざまに2つも造営するわけです。材木や瓦などの建設資材をどこから持ってきたのか……という大きな疑問も残ります。この大量の作業員や建設資材をどこから調達していたのかという疑問も、白鳳大地震というキーワードと結び付けてみると、おぼろげながらですが、その答えが見えてくるような気がします。

すなわち、**四国から調達した**ということではないでしょうか。白鳳大地震により壊滅的被害を受け、住む場所がなくなった四国の〝被災地〟の人たちが大量に近畿地方に移住し、藤原京や平城京の建設に携わり、その後、一族郎党をあげて移住してきたのではないか……ということです。

建設資材も白鳳大地震で崩れた建物からまだまだ使えそうな柱や瓦を大量に持ってきて、移築したのだと考えると納得できる部分があります。おそらく、久米官衙遺跡にあったであろう官衙の建物の大部分も、前述のように建築資材として藤原京に移築されたのではないかと推察されます。現代の木造建築でもそうですが、森林から伐採してきた樹木は、伐ってすぐに建物の柱や壁板に使えるものではありません。時間をかけて十分に乾燥させた上で、丸太や板に加工するという事前の膨大な工程が必要となります。

もちろん個々の建物ごとの設計も必要です。それを考えると、すでに使われていた資材を再利用・移築するというのは古くから行われてきた一般的な方法だったのでしょう。もしかすると**藤原京は仮設住宅、平城京が本格的な復興住宅**ということなのかもしれません。第41代持統天皇が藤原京の造営を始めたとされるのが西暦690年で、藤原京に遷都したのが西暦694年。そうでないと、わずか4年という短期間でここまで大きな都が建設できるわけがありません。

当時の状況を考えると、建築資材の多くはどこかですでに使われていたものを運んできて、基本的に移築したと考えざるを得ません。ちなみに、藤原京も平城京への遷都後、建物などはほとんど残っておらず、長らく一面の農地（水田）になっていました。現在調査が進んでいるのも礎石などの遺構の発掘がほとんどです。一方、平城京の発掘調査では、藤原京から移設され再利用されたと思われるものがいくつも発見されています。

このことから、藤原京の建物のほとんどは、平城京に移設されて建設資材として再

久米官衙遺跡群（愛媛県松山市来住町）

東西約500m、南北約400mにわたって広がる広大な敷地の、日本の古代史上、最古かつ最大級規模の本格的な地方官衙の跡。

天皇中心の国家体制整備が進みつつあった７世紀後半の地方における状況を窺い知ることができる、全国的にも珍しい遺跡。

久米官衙遺跡近くからは５世紀のものと推定されるパン小麦の遺物が発見されている。

一辺約109m（１町）四方の回廊上遺構。正倉院や政庁などの主な施設は、基本的にこの外郭施設で囲われた敷地の中に設けられていた。

７世紀の終わりにこの大規模地方官衙は忽然と姿を消す！

利用されたのではないかと推察されています。それで、藤原京の跡地はいったん更地となり、農地へと変貌したわけです。これと同じことが藤原京遷都でも起こり、四国にあったであろう宮殿などの建物の大部分は藤原京の建築資材として移設され、そこで再利用されたので、今では四国にはほとんど何も残っていないのかもしれない……と推察できます。

このように、**日本の古代は白鳳大地震が起きた西暦684年を境に、ガラッと様相が変わった**のです。白鳳大地震のことを語らずして、日本の古代史を語るなかれ……ということです。いずれにせよ、四国は3〜7世紀後半にかけての日本の古代史の謎を解き明かす極めて重要な鍵を握っているところのようです。

四国はこれまで日本の古代史研究においてはノーマークのようなところがあり、必ずしも本格的な調査が行われてきませんでしたが、四国を詳しく調査することによって、もしかしたらこれまでの日本の古代史の常識が根底から覆されるような凄いことが発見されるかもしれません。調査の結果が待たれます。

女性の髪形

魏志倭人伝の第2部「倭国の風俗」の項には「婦人被髪屈紒《ひはつくっかい》」、すなわち、「女性は額を髪で覆い、後ろで束ねた髪を折り曲げるように結っている」という既述が書かれています。

実は、私はこの部分の解読に最後まで苦労しました。女性の髪型というのは古来より地域ごとに微妙に異なり、その場所の文化を象徴づけるものだと思って重要視していたのですが、この「婦人被髪屈紒」という表現を長らく全く理解できずにいました。その謎を一気に解決させてくれたのが徳島県立埋蔵文化財総合センターに所蔵されている女性埴輪像です。

この女性埴輪像の髪型は前髪を折り曲げるように畳んで額を髪で覆い、後ろで束ねた髪を折り曲げるように結っている、まさに「婦人被髪屈紒」という表現とピタリと

襷がけ人物埴輪

一致します。この「襷《たすき》がけ人物埴輪」と呼ばれる女性埴輪像は徳島県北東部の吉野川北岸に位置する徳島県板野郡上板町の菖蒲谷西山A遺跡から出土したもので、古墳時代後期初めの5世紀頃のものと推定されています。同様の髪形をした女性の埴輪は、伊都国があったところではないのか……と推定している福岡県飯塚市付近からも出土しているので、これは**弥生時代後期から古墳時代後期にかけての邪馬壹国をはじめとした倭国の女性の一般的な髪型だった**のかもしれません。

気候変動からの考察

魏志倭人伝の第2部「倭国の風俗」の項には邪馬壹国のあった場所の比定に結び付く極めて重要なキーワードがいくつも出てきます。「禾稲《かとう》や紵麻《ちょくま》を植え、桑で蚕を飼い、紡いで細い麻糸、綿、絹織物を作っている」という一文があります。ここに〝禾稲《かとう》〟という言葉が出てきます。禾稲の禾《のぎ》とはコメ（米）だけでなくムギ（麦）やアワ（粟）、ヒエ（稗）、キビ（稷）などを含む穀物の総称のこと、すなわち**禾稲とは穀物全般、五穀のこと**です。

そもそも日本の古代史を考察するにあたり、ベースとして考えなければならない極めて重要なことがあります。それは、**「我々日本人とは何者なのか？」**ということです。今から約１８００年前の邪馬壹国の時代の日本を考えるにおいても、このことは極めて大切です。

それには、**気候変動と古代から続く日本の食文化の側面から考えてみる**ことが、一つの重要なアプローチではないでしょうか。

日本列島には約1万6000年前から約3000年前までの縄文時代（新石器時代）と呼ばれる時代から、現在の北海道から沖縄本島にかけての日本列島全域には縄文人と呼ばれる人々が住み、縄文文化と呼ばれる文化様式を保持していました。

縄文時代とは、年代でいうと今から約1万6500年前（紀元前145世紀）から約3000年前（紀元前10世紀）にかけて日本列島で発展した考古学上の時代区分のことです。

日本列島において確認されている人類の歴史は、約10万年前まで遡《さかのぼ》ります。2003年7月に岩手県遠野市の金取遺跡の約8~9万年前の地層から人が叩いて作ったと認められる石器が出土したのに続き、2009年8月には島根県出雲市多伎町の砂原遺跡から今から約12万年前のものと認められる石器が発見され、大きな話題となりました。ここまで古い時代ではなくても、現在までに日本列島全域の4000ヶ所を超える遺跡から約3万年前から約1万2000年前のものと認められる石器がいくつも出土しています。石器の多くは石斧に使われたと思われる刃先に人工的に磨きをかけた台形のものや、石槍に使われたと思われる縦10センチほどの長い石の剥片を加工して尖らせたもの（打製石器）で、大型哺乳動物や小動物の狩猟や解体、木の伐採や切断、土堀り等多目的に使用されたと推定されています。

主な打製石器の原料として使われたのが黒曜石《こくようせき》と呼ばれる石で、加工が容易ながら耐久性に優れ、鋭利な断面を作れる石器にうってつけの石材です。黒曜石から作られた打製石器の確認例は長野県の野尻湖遺跡や上ノ平遺跡、群馬県の岩宿遺跡が有名ですが、これら以外にも全国各地から出土しており、旧石器を用いた人々が日本列島の広範囲に生活していたことが窺えます。

さらに石器とともに半地下式の竪穴住居の跡も見つかっています。大阪府藤井寺市にある「はさみ山遺跡」からは、木材を組み木にして、草や皮で覆った今から約2万2000年前に作られたと推定される直径約6メートルの竪穴住居の跡が発見されています。この時代のことを旧石器時代と言います。

旧石器時代はこの石器の出現から農耕が開始されるようになるまでの時代のことを指すのですが、この農耕の開始には気候の変動が大きく関連しています。地球の歴史上の最後の氷期である「晩氷期《ばんぴょうき》」と呼ばれる約1万5000年前から1万年前の気候は、数百年周期で寒冷期と温暖期が入れ替わるほど急激で厳しい環境変化が短期間のうちに起こりました。日本列島でも、それまでは針葉樹林が列島全体を覆っていたのですが、西南日本から太平洋沿岸伝いに落葉広葉樹林が増加して徐々に拡がっていき、北海道を除く日本列島の多くが落葉広葉樹林と照葉樹林で覆われるようになります。本州は全域にわたってコナラ（果実のことをドングリと言います）やブナ、クリなど堅果類が繁茂するようになり、北海道でもツンドラが内陸中央部の山地まで後退し、亜寒帯針葉樹林が大きく広がっていました。

また、温暖化による植生の変化はマンモスやトナカイ、あるいはナウマンゾウやオオツノジカなどの大型哺乳動物の生息環境を悪化させ、約1万年前までに日本列島からこれらの大型哺乳動物がほぼ絶滅してしまったと考えられます。これにより、人々の食生活、生活様式は大きく変化してきます。それまでの旧石器時代は大型哺乳動物や小動物などの狩猟による肉食が主体だったのですが、地球規模で起きた温暖化により植物採取や漁労による食生活に一気に変わっていきます。

この生活様式の変化は新しい道具が短期間に数多く出現したことにより類推されます。例えば、石器群では大型の磨製石斧、石槍、植刃、断面が三角形の錐、半月系の石器、有形尖頭器、矢柄研磨器、石鏃などがこの時期に出現しました。しかも、この時期は、遺跡によって石器群の現れ方が微妙に違っています。これは急激な気候の変化による植生や動物相、海岸線の移動などの環境の変化に対応した道具が次々に考案されていったと考えられています。狩猟や植物採取、漁労ばかりでなく植物栽培（農耕）もこの時期に始まり、生産力を飛躍的に発展させました。前述のように、この時期はマンモスやナウマンゾウといった大型哺乳動物が日本列島で絶滅した時期と重なるため、当時の人々は主食を獣肉から木の実へと変更することを余儀なくされました。

この木の実ですが、多くは収穫時期が限られるため、一年中食するためには貯蔵する必要が生じます。また食べるためには加熱処理が必要な木の実も多く、獣肉や魚介類のように単純に直火で炙るだけでは食べるのが困難であるため、加熱するための調理器具が必要となります。それで考案されたものが器というわけです。その器は土を火で焼いて固めて生成するという手法で作られました。それが土器です。

土器の発明

日本で最初にこの時代の土器を発見したのはアメリカ人の動物学者エドワード・S・モースで、横浜から新橋へ向かう途中、大森駅を過ぎてから直ぐの崖に貝殻が積み重なっているのを列車の窓から偶然に発見し、政府の許可を得た上で発掘調査を行い、大量の土器、骨器、獣骨などを発見しました。これが大森貝塚で、明治10年（1877年）のことです。〝縄文土器〟という名称は、エドワード・S・モースがこの大森貝塚で発掘した土器を「Cord Marked Pottery」と論文で発表したことに由来します。この大森貝塚は縄文時代後期（約4700年前～約3400年前）から晩期（約3400年前～約3000年前）にかけての遺跡で、その後、日本各地でこの時代の遺跡の発掘が行われ、日本の考古学が飛躍的に発展を遂げることになります。

この時代の土器は粘土を捏ねて器の形を作り、窯を使わない平らな地面あるいは凹地の中で、小枝を集めて燃やした焚き火の中にくべてやや低温（600～800℃）で焼かれて生成されたと考えられる簡素な焼物で、色は赤褐色系で、比較的軟質であるという特徴があります。土は粗く、やや厚手の深鉢が基本で、比較的大型のものが多いのですが、用途や作られた時期によっては薄手のものや小形品、精巧品なども作られています。表面を凹ませたり粘土を付加することが基本で、彩色による文様はほとんど見られません。そして一番の特徴は、土器表面に施された模様です。この模様は、いわゆる縄目文様と呼ばれ、撚糸《よりいと》を土器表面に回転させてつけたもので、多様な模様が見られます。中には容器としての実用性からかけ離れるほどに装飾が発達した土器も出土しています（この特徴は、日本周辺の諸外国の土器にはみられない特徴です）。実際には縄文を使わない施文法（例えば貝殻条痕文）や装飾技法も多く、土器型式によって様々なのですが、最初に多く出土した土器に、この縄目文様が施されていたことから、「縄文（縄目文様）が施された時代の土器」という意味で「縄文土器」と呼ばれ、この「縄文土器」が作られた時代のことを「縄文時代」と呼ぶようになりました。

　この縄文時代は世界史の上では中石器時代から新石器時代に相当する時代で、日本列島において世界的に見ても最初期に土器が普及したというのは、前述のようにそれまで氷河期にあった地球が地球規模で温暖化に向かったことの影響が、日本列島でより顕著に表れたためではないか……と想像できます。

　これは日本の歴史において、大きな特徴と言えます。すなわち、**日本の縄文時代とは、アフリカ大陸やユーラシア大陸、ヨーロッパといった世界の別の地域においては旧石器時代後期から新石器時代にかけての時代に栄えた、全く異なる、日本独自の文化**ということができます。そして、世界がまだ石器時代の中、なぜ日本列島でいち早く土器が普及したのか、それ以前に粘土質の土を火を使って焼いたら硬く固まるということをなぜ人々は発見したのかということについてですが、これに関しては日本列島が火山列島であるということに深く関係していると思われます。

当時も日本列島ではたびたび火山が噴火していて、火山が噴火すると溶岩が噴出し、溶岩流が流れ出ます。その途中で岩石を焼き、草木を焼き、そして土を焼きます。溶岩流が冷えた後、粘土質の土が石のように固まって残ることを人々が偶然に発見したとします。当時の人達はその化学変化をなんとか人工的に作りだして、便利な器を作れないものか……と考えて、長い年月をかけた様々な試行錯誤の結果、ついに土器の製造方法に辿り着いた……、こう考えるのが自然なのではないでしょうか。

縄文時代とは明確な始まりと終わりが規定されているわけではなく、前述のように「縄文土器が製作・使用されていた時代」という意味に過ぎません。

縄文時代は出土する縄文土器の作られた時期と形態・形状により次の６つの時期に分けられます。

縄文土器編年区分
草創期：約1万6000年前～
早期　：約1万1000年前～
前期　：約7200年前～
中期　：約5500年前～
後期　：約4700年前～
晩期　：約3400年前～

一方、縄文時代の終わりについては、地域差が大きいものの、定型的な水田耕作を特徴とする弥生文化の登場を契機とするのが一般的ですが、その年代については紀元前数世紀から紀元前10世紀頃までで、今も多くの議論があり明確にはなっていません。
ここではそのうち一番古い紀元前10世紀頃まで（今から約3000年前まで）を縄文時

代と呼ぶことにします。

縄文時代は１万年という長い期間にわたることから、その間に大規模な気候変動も何度も経験しています。また日本列島は南北に極めて長く、地形も変化に富んでおり、現在と同じように縄文時代においても気候や植生の地域差は大きかったと思われます。結果として、縄文時代の文化形式は歴史的にも地域的にも一様ではなく、多様な形式を持つものとなったわけです。

縄文時代は、土器型式上の区分から、草創期・早期・前期・中期・後期・晩期の６期に分けられるというのは前述のとおりですが、この土器型式の違いは、もしかしたら、気候変動に伴う植生の違いから寒冷期と温暖期により食文化が大きく異なることになり、煮炊きなどの調理や食事に使う器の形状も微妙に異なることになった……と考えれば、論理的に辻褄が合うように思えます。

今から約２万年前に最終氷期が終わってから６０００年前頃までの間は、地球の気温は徐々に温暖化していった時期で、この間に日本列島は１００メートル以上もの海面上昇を経験しています。縄文土器編年区分において、これは縄文草創期から縄文前期に相当します。また、約6000年前には海水温の上昇による膨張のため海面の水位が現在より4～5メートルも高かったことがわかっていて、これは縄文海進と呼ばれています（49ページ参照）。

鬼界カルデラの大噴火

縄文時代早期（約1万1000年前～約7200年前）から前期（約7200年前～約5500年前）に移る時期には、時代に一つの区切りをつけるような極めて重大な自然事象が起こりました。それが鬼界《きかい》カルデラの大噴火です。鬼界カルデラは九州の薩摩半島から約50キロ南の大隅海峡にあるカルデラ（火山の活動によってできた大きな凹地）です。薩南諸島北部にある薩摩硫黄島、竹島がカルデラ北縁に相当し、その薩摩硫黄島は現在もランクAの活火山に指定されています。この鬼界カルデラが今から約

７３００年前に大噴火を起こしました。この鬼界カルデラの噴火の爆発規模は、20世紀最大規模の大噴火と呼ばれる１９９１年６月に起きたフィリピンのルソン島のピナツボ火山の噴火の10～15倍（この大噴火では噴火前に１７４５メートルあった標高は、噴火後に１４８６メートルまで低くなっています）。同じく１９９１年６月３日に起きた雲仙普賢岳の大噴火のおよそ１００倍と驚異的なもので、この鬼界カルデラの噴火により地表に噴出されたマグマの量は１兆３０００億トンにものぼるとされていて、過去１万年間の日本火山史の中では最大の火山噴火であったと言われています。最近の調査によると、上空約３万メートルの成層圏にまで達した大量の火山灰は、遠く東北地方にまで飛散されたほどで、南九州一帯は、60センチ以上の厚さの火山灰で一面が埋め尽くされたと言われています。

縄文時代における最も古い定住集落の跡が発見されているのが上野原遺跡（鹿児島県霧島市）や金峰町（鹿児島県南さつま市）の遺跡といった九州南部の遺跡で、発掘調査により約１万年ほど前には通年の定住が開始されたと推測されるなど、縄文時代早期には人々が定住生活をしていた跡が発見されているのですが、これらの文明はこの鬼界カルデラの大噴火によりほぼ絶滅したと考えられています。当然、九州南部の生態系はことごとく破壊され、とても人々が住めるところではなくなってしまったということは容易に考えられます。

なんとか生き残ったとしても、土地は火山灰に厚く覆われてしまい、長い間、農作物が全く育たない不毛の大地となったことでしょう。多くの人々がこの地を離れて、どこか安全に住める場所に移住したと考えられます。この被害は九州南部だけでなく広く中国地方や四国、近畿と言った西日本一帯に及び、鬼界カルデラの大噴火はそれ以前の縄文時代初期（草創期、早期）の遺跡や遺物が関ヶ原から東の東日本や東北地方に比較的集中していることの理由の1つではないか……と考えられています。

ＤＮＡで迫る現代日本人への道

鬼界カルデラの大噴火から１０００以上の時間が経過した約５０００年前頃からは西日本も元のように人が住めるような状態に戻ってきて、多くの人が移り住んできたように思います。ここに極めて興味深い図があります。上の図は「私たちは何者か～ＤＮＡで迫る現代日本人への道～」と題した金沢大学の覚張隆史助教を中心とした研究チームが、遺跡から出土した「古人骨」に含まれるＤＮＡを解析した結果をまとめたもので、「縄文人」と「弥生人」、「古墳人」、そして「現代日本人」の、それぞれの時代の人たちの遺伝情報の変遷を表したものです。

時代を経るごとに遺伝情報は多様化し、徐々に現代日本人に近くなっていったことが示されています。これが何を意味しているかですが、弥生時代、古墳時代と時代を経るごとに、もともと日本列島に暮らしてきた縄文人とは異なるＤＮＡを持った人た

古人骨に含まれるDNAの解析結果

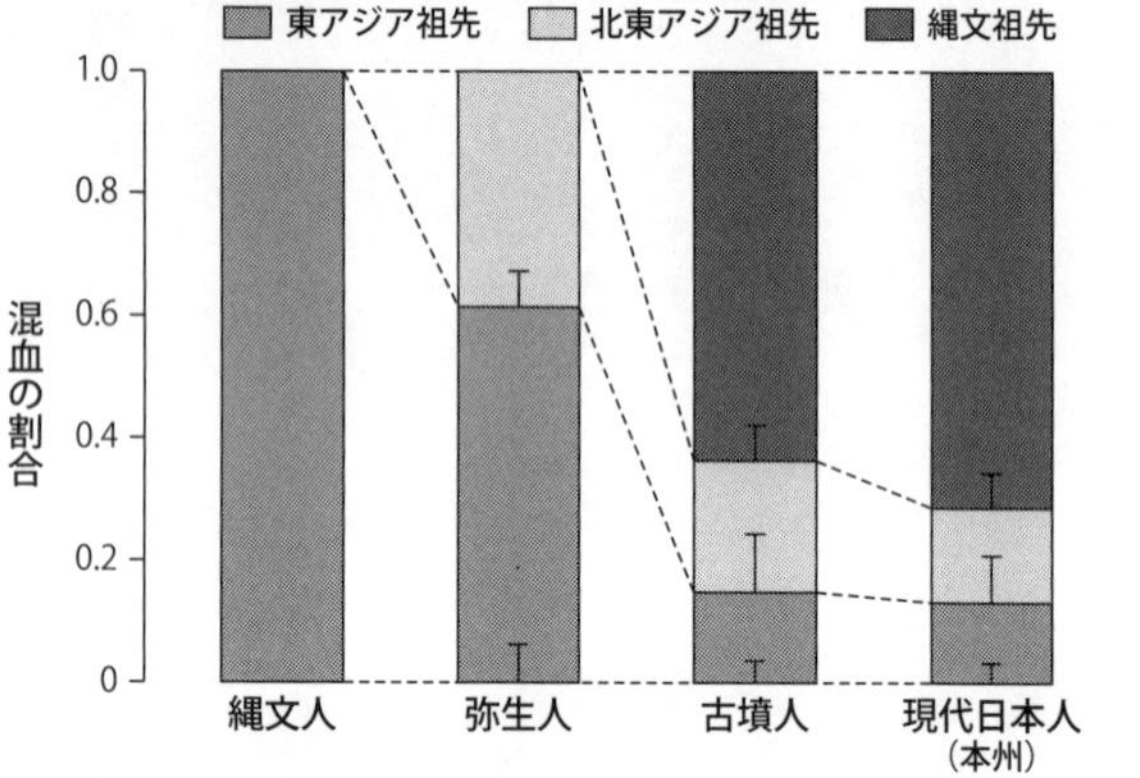

出典：金沢大学「私たちは何者か～DNAで迫る現代日本人への道」

ち、いわゆる〝渡来人〟と呼ばれる人たちが海を渡って大量にやって来て、縄文人と同化・混血が繰り返されていった……と読み取ることができます。

また、東京大学の大橋順教授らが中心となって、現代人のゲノム（全遺伝情報）を解析した研究で、47都道府県で縄文人由来と渡来人由来のゲノム比率が異なることがわかりました。１都道府県あたり50人のデータを解析したところ、沖縄県で縄文人由来のゲノム成分比率が非常に高く、逆に渡来人由来のゲノム成分が最も高かったのは滋賀県です。沖縄県の次に縄文人由来のゲ

日本人の遺伝的集団構造

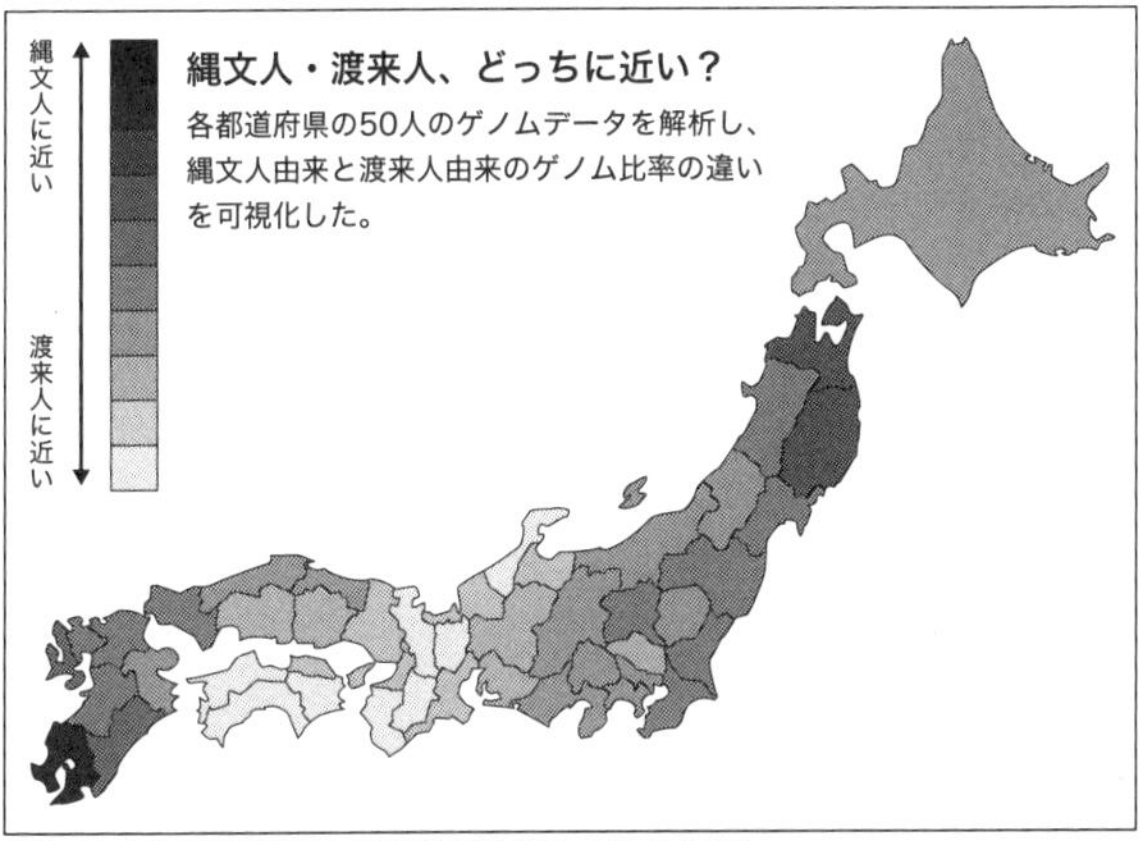
縄文人に近い
渡来人に近い
縄文人・渡来人、どっちに近い？
各都道府県の50人のゲノムデータを解析し、
縄文人由来と渡来人由来のゲノム比率の違い
を可視化した。

出典：東京大学の大橋順教授らの調査結果（『日経サイエンス』より）

ノム成分が高かったのは九州や東北になります。

一方、渡来人由来のゲノム成分が高かったのは近畿と北陸、四国でした。特に四国は島全体で渡来人由来の比率が非常に高いことがわかりました。これは、渡来人が朝鮮半島経由で九州北部に上陸したとする一般的な考え方とは大きく異なります。

この**渡来人のゲノム成分を色濃く残す地域の分布ですが、実は、粉もん文化、うどんやパン、お好み焼きといった麦食文化圏の分布と非常によく似ている**のです。

四国の香川県といえばご存知讃岐うどん

が有名ですよね。あまり知られてはいませんが、愛媛県はパン好きが非常に多いところで、人口10万人あたりのパン屋さんの数はダントツの第1位の都道府県なのです。徳島県も半田そうめんが有名ですし、海を渡って大阪や神戸ではお好み焼きやタコ焼き、明石焼き等々……。どう見てもこの**渡来人のＤＮＡを色濃く残す地域の分布は粉もん文化圏分布と一致**しています。

五穀の原産地

粉もんの代表といえばムギ（麦）です。よくコメ（米）、そして稲作は渡来人によって中国大陸から朝鮮半島を経て日本列島にもたらされ、弥生文化が生まれたということが通説とされていますが、真実でしょうか。

コメは温暖湿潤な亜熱帯地域原産の穀物です。よって、亜寒帯にも属する中国大陸北部から朝鮮半島を経て日本列島にもたらされたという説を、私はずっと疑問視していました。しかも、縄文時代は現代よりも気温が高く、約５５００年前の縄文前期中葉の縄文海進頂期には、世界中の年平均気温は現代よりも２℃も高く、海水準（平均的な海水面の高さ）は現在の標高４・４メートル付近にありました。おそらく日本列島は北海道を除き、ほとんどが亜熱帯気候だったように推定しています。

したがって、亜熱帯原産のコメも日本列島各地に勝手に自生し、縄文人たちは一年を通してそれを採取し、主食としてふつうに食べていたと考えられます。実際、縄文時代の土器の中からコメの遺物が見つかったりしています。今から約２５００年前に地球上は寒冷期に入り、現代よりも最大で２℃ほど年平均気温が低い期間に入ります（縄文海進頂期からは４℃も低い）。気温が低いということは、水蒸気の蒸散も減りますので、降水量も少なくなります。そうなるとコメは自生しなくなり、縄文人たちはなんとか食料を確保するために、様々な工夫をこらしてコメが成長しやすい環境を自らの手で作り出すことを試み、そうすることで稲作の技術が進み、現代に繋がる稲作文化が生まれた……と考えるほうが妥当なのではないでしょうか。

ちょうど地球上がすべて現代よりも年平均気温が2℃も低い寒冷期に入った約2500年前に弥生時代に入るわけですから、それとも一致します。すなわち、縄文時代から弥生時代への移行は、気候変動が大きく影響しているということができようかと思われます。ちなみに、年平均気温が現代よりも2℃も低いということは、中国大陸北部や朝鮮半島は亜寒帯というよりも一部では寒帯のような気候状態だったのではないか……と推定されることから、稲作が中国大陸から朝鮮半島を経て日本列島に伝えられたとは、到底考えられません。

一方、ムギ（麦）はコメとは全く事情が異なります。ムギ（大麦、小麦）はコメと同じくイネ科の穀物ですが、ムギは大麦も小麦も温暖で乾燥したところを好み、雨を嫌います。また、発芽するのにある程度の低温期間が継続する必要があるため、もともと高温多湿な亜熱帯気候だったと推定される日本列島には自生していなかった穀物なのです。ムギの原産地は、大麦、小麦ともに西アジアのチグリス・ユーフラテス川沿岸地域、いわゆるメソポタミアと呼ばれる地域であったと言われています。

したがって、いつの時代かに誰かが栽培目的で日本列島に持ち込んだものであるということができようかと思います。前述のように**弥生時代に入ると現代よりも最大で2℃ほど年平均気温が低い寒冷期に入っていたため、コメの栽培が難しくなり、渡来人はコメに代わる食糧として、雨の少ない寒冷地でも栽培が可能なムギを持ち込んできたのではないか**……と推察されます。

その〝いつ〟に関してですが、愛媛県松山市にある久米官衙《くめかんが》遺跡の近くから5世紀のものと推定されるパン小麦の遺物が出土していることから、その当時にはこのあたりで広く栽培されていたものと思われ、おそらく紀元前2世紀か同3世紀といった弥生時代中期には原産地であるメソポタミア地方から日本列島に持ち込まれていたのではないか……と推定されます。

そして、温暖で雨を嫌うムギの栽培に適しているところが、愛媛県や香川県といった四国の瀬戸内海沿岸地域になります。ここは瀬戸内海気候といって、温暖で一年を通して降雨量の少ない地域で、おまけに花崗岩が風化してできた真砂土《まさど》と呼ばれる極めて水捌けの良い土壌が主体になっています。しかも背後の四国山地（石鎚山系等）の山々は冬季には真っ白く積雪が見られるほどのところで、その四国山地の山々から寒風が吹き降ろしてくるため、ムギの生育には非常に適したところです。ですから、このムギの栽培に適した場所を発見した渡来人が、ムギを持ち込んで住み着いた……とも推定できようかと思います。

様々な技術の伝来

そして、ムギとともに持ち込まれてきたのが様々な技術だったのではないでしょうか。脱穀して炊けば簡単に食することができるコメと異なり、ムギ、特に小麦はいったん麦粒を粉にして、それからその粉を捏ねて麺にしたり、さらにそれを焼いてパンにしたり……と加工という手間をかけないと食することができない面倒な穀物なのです。この**小麦を食品に加工する技術をはじめ、様々な技術がムギと一緒に日本列島に**

持ち込まれてきたのではないかと思われます。

ちなみに、その渡来人が渡ってきたルートはおそらく海路になります。黒潮という海流が日本列島に最初にぶつかる場所が四国の足摺岬《あしずりみさき》周辺になります。このことも渡来人のＤＮＡを色濃く残す地域の分布や、粉もん文化圏の分布と深く関係していると考えられます。ちなみに、「麦」という漢字は簡易字体で、もともとの漢字は「麥」。〝人〟が２人（複数）で台に乗せて担いでくる様子を表しています。下部の〝夊《すい》〟は歩いてくる足を表しているとされています。人はおそらく渡来人です。渡来人が原産地であるメソポタミア地方から運んできたものと読み取ることもできますね。ここは極めて重要なポイントです。

穀物ということで言うと、「五穀豊穣（穀物が豊かに実ること）」の〝五穀〟。この五穀とは穀物全般の総称の意味ですが、コメ（米）、ムギ（麦）、アワ（粟）、ヒエ（稗）、キビ（稷）を指すことが一般的です。このアワ、ヒエ、キビも実は日本列島原産の穀物ではありません。アワはアフガニスタンやインド大陸北西部の高原地帯、ヒエはアフリカ大陸東部のエチオピア付近、キビも中央アジアの高原地帯の原産とされています。

この各穀物類が一体いつの時代から日本で栽培されるようになったのかについては、遺跡から出土される遺物に残された穀物の籾殻や粒、葉等の細胞に形成された50ミクロンほどのプラント・オパールと呼ばれる小さな珪酸体（ガラス質）を分析することで研究する動きが徐々に活発になってきています。岡山県古代吉備文化財センターの平井泰男所長らの発表（2019年）によると、岡山県総社市にある南溝手遺跡から出土された一片の土器の内面に残された籾の痕と、土器に付着したわずかなプラント・オパールの分析から、そのあたりでは縄文時代後期中葉の約3500年前からすでに稲作が行われたと考えられるとのことです。これにより、稲作は約2500年前の弥生時代に中国大陸から朝鮮半島を経て北九州の玄界灘周辺に伝わり、その後徐々に西日本から東日本に広がっていったとされる私達がこれまで学校で習ってきた通説や、古代中国の秦の徐福が伝えたとされる通説は、大きく根底から覆されました。その穀物伝来の謎解きの鍵を握るのは、地球規模で起きた大規模な気候変動、寒冷化だったように思います。

現代においてはムギやヒエ、アワ、キビは雑穀とも呼ばれ、主食であるコメの代用食や補助食のような扱いになっていますが、日本では古くから重要な主食穀物であったため、コメと並んでアワやヒエは祭事においても大きな役割を果たしてきました。現在も毎年宮中の神嘉殿《しんかでん》で執り行われる新嘗祭に際しても、その年に収穫されたコメ（新米）やムギ、ヒエ、アワ、キビ、豆などの五穀が献上され、天皇陛下が神々に対する感謝の気持ちを示すための祈りを捧げられた後に、天皇陛下自らがお食べになられます。

このことは、ムギ、ヒエ、アワ、キビといった五穀が、決して単なるコメの代用食や補助食ではなく、日本国、特に今の時代にも長く続く大和朝廷にとって極めて重要な意義を持っていた穀物であるということを雄弁に物語っているように思います。実際、日本列島全域でコメが生産されるようになったのは、東北地方のような寒冷地でも栽培が可能なように品種改良が進んだ明治時代以降のことで、明治時代までは山間部や冷涼地帯、畑作地帯をはじめ全国的に主食用穀物としてムギやアワ、ヒエが広く栽培されていました。このように**現代人の感覚でコメにばかりに注目して日本の歴史を語ることは、根底から間違っている**ように私は思います。

私は、このもともと日本列島の気候風土に合っていなかったムギやアワ、ヒエ、キビがいったいいつ頃、誰が日本列島に持ち込んだものなのかを探ることが、日本の古代史の謎の解明に向けて非常に大きな意味があることだと思っています。今後、コメだけでなく、ムギやヒエ、アワ、キビといった穀物についてもプラント・オパールなどによる科学的な分析が行われるようになるでしょうから、その結果が待たれるところです。私のこの気候変動から導いた仮説が正しいかどうかは、それにより科学的に明らかになるでしょうから、その結果を大いに期待しているところです。

魏志倭人伝に書かれた「禾《のぎ》」の一字だけで、ここまでの論理的な推察が広がります。だから魏志倭人伝の解釈は奥が深くて、楽しいのです。

植生からの考察

禾稲《かとう》に続いて、邪馬壹国では「紵麻《ちょま》を植え、桑で蚕を飼い、紡いで細い麻糸、綿、絹織物を作っている」という文章が書かれています。この一文からも、邪馬壹国の風俗に関して実にいろいろなことが読み取れます。

紵麻とはカラムシ（苧麻）のことです。カラムシは、イラクサ目イラクサ科の多年生植物のことです。温暖湿潤な気候を好み、南アジアから日本列島を含む東アジア地域まで広く分布し、古くから植物繊維をとるために広く栽培されてきました。日本列島では現在各地で自生のカラムシが見られますが、これは有史以前(おそらく縄文時代)に南アジアから持ち込まれ、繊維用に栽培されてきたものが野生化した「史前帰化植物」であった可能性が高いと指摘されています。カラムシ（苧麻）は今でこそしつこい雑草として人々から嫌われているところもありますが、茎の皮から採れる靭皮繊維《じんぴせんい》は非常に丈夫で、細かく裂き縒って長く繋いだ繊維を紡いで糸とするほか、撚って紐や縄に、荒く組んで網や漁網に、縦糸と緯糸を織って布にして衣類などに幅広く利用されてきました。

ちなみに、カラムシ（苧麻）は麻の字が付いていますが、狭義のアサ（麻）とは異なる種類の植物です。アサは、広義には麻繊維を採る植物の総称のことであり、アマ目アマ科の亜麻やイラクサ目イラクサ科の苧麻（カラムシ、ラミー）、アオイ目アオイ科の黄麻（ジュート）、ショウガ目バショウ科のマニラ麻、キジカクシ目キジカクシ科リュウゼツラン属のサイザル麻もアサ（麻）に含まれます。現在、家庭用品品質表示法で「麻」と表示することが認められているのは、衣服やシーツの素材として使われている亜麻《あま》と苧麻《ちょま》の2種類だけです。

魏志倭人伝には書かれていませんが、邪馬壹国には狭義のアサ（麻）も植えられていたようです。この狭義のアサ（麻）は大麻《たいま》（ヘンプ）と呼ばれ、バラ目アサ科アサ属の一年生の草本で、雌雄異株という特徴があります。

大麻の原産地は、中央アジアのヒマラヤ山中とみられ、その後欧州、中国などへ伝えられ、欧州では18世紀まで亜麻に次いで重要な繊維資源とされ、また中国でも当初黄河流域で栽培され、後に各地で栽培されるようになり、カラムシ（苧麻：ラミー）に次いで広く利用されてきました。

日本では、縄文前期に属する貝塚からも発見され、中国から渡来した最も古い帰化植物といわれ、16世紀に綿の普及を見るまでは苧麻に次ぐ重要な織物原料とされていました。伊勢神宮の神札のことを大麻（たいま、おおぬさ）と呼ぶ由来となった植物であり、神道では神聖な植物として扱われ、日本の皇室にも麻の糸、麻の布として納められています。

このように日本では古くから麻といえば大麻を指すことが多く、コメ（米）と並んで主要作物としてさかんに栽培されてきました。第二次世界大戦以前は国家により大麻の栽培・生産が奨励《しょうれい》されていたのですが、大麻は麻薬の原料植物でもあるということから、第二次世界大戦後の昭和22（１９４７）年に連合軍総司令部（ＧＨＱ）がポツダム宣言に基づき公布した大麻取締規則、その後、昭和23（1948）年に制定された大麻取締法によって、産業用大麻にまで規制強化を行うようになったため、栽培面積は急減し、現在では、栃木県などで僅《わず》かな生産が見られるだけの状況になっています。

徳島県は古くから大麻（ヘンプ）の栽培がさかんなところで、徳島県鳴門市大麻町にある徳島県の総鎮守で阿波国一宮とされる神社の名称は大麻比古神社《おおあさひこじんじゃ》と言います。主祭神として祀られている大麻比古神は天日鷲命《あめのひわしのかみ》の子で、阿波国を開拓し、穀・麻を植えて紡績の業を創始した阿波忌部《あわいんべ》氏の祖とされています。この阿波忌部氏は古来より宮廷の祭祀を司る一族で、現在も天皇陛下がご即位する際の大嘗祭の時には、阿波忌部一族である徳島県美馬市木屋平の三木家が植えた麻で織った織物である「麁服《あらたえ》」を貢進しています。この阿波忌部一族が貢進した麁服がなければ、天皇陛下はご即位ができないということになっています。現在は吉野川市と美馬市の一部になっており、平成16（2004）年の平成の大合併により消滅しましたが、かつて徳島県にはまさに「麻を植えたところ」という意味の「麻植郡《おえぐん》」という郡がありました。ここは日本神話の神武東征において阿波忌部氏を率いて紀伊国の材木を採取し、畝傍山の麓に橿原宮を造営したとされる天富命《あめのとみのみこと》が、肥沃な土地を求めて阿波国の開拓を行い、このあたりに穀・麻の種を植えたことから麻植郡の名になったといわれています。

また、「桑で蚕を飼い、紡いで細い麻糸、綿、絹織物を作っている」と書かれているように、邪馬壹国ではすでにカイコ（蚕）を飼ってその繭から生糸（絹）を作る養蚕業が行われていたようです。養蚕の起源は中国大陸にあり、浙江省の紀元前２７５０年頃と推定される遺跡からは、平絹片、絹帯、絹縄などが出土しています。日本列島へは弥生時代に中国大陸から伝わったとされていますが、秦による中国統一（紀元前２２１年）によって養蚕技術の国外への持ち出しは固く禁じられたことから、蚕種はそれ以前の時代に船で運ばれてきたと考えられており、弥生時代のかなり早い時期に伝来し、日本列島の気候条件がカイコの餌となる桑の生育に適していたこともあって、独自に発展していったものと推定されます。だとすると、縄文人はかなり以前から海を渡って大陸と交流するほどの航海術を持っていたということになります。

魏志倭人伝に書かれている綿とは

綿という字にも注目する必要があります。綿（コットン）は、アオイ目アオイ科ワタ属に属する多年草「ワタ（綿）」の種子毛からとれる繊維や、その繊維から作られる糸や布のことをいいます。綿（コットン）の栽培には降霜《こうそう》のない長い季節と、年間600～1200ミリ程度の降水量が必要とされます。この条件を満たすのは熱帯から亜熱帯にかけての温暖で湿潤・半乾燥の地帯で、最も古い綿栽培の痕跡は約7000年前（紀元前5000年紀～紀元前4000年紀）のもので、インド亜大陸北西の広大な領域（現在のパキスタンと北西インドの一部）で発達したインダス文明の住民によるものであるとされています。

日本列島へは延暦18（799）年に三河国（現代の愛知県東部）に漂着した中国西方

の崑崙人《こんろん》によってもたらされ、栽培が開始されたとされていますが、その後、栽培は途切れています。綿の栽培が一般的に普及するのは、16世紀以降とされています。戦国時代後期からは全国的に綿布の使用が普及し、三河国などで広く綿花の栽培も始まり、江戸時代に入ると急速に栽培が拡大していきました。

ということで、**魏志倭人伝に書かれている綿とは、現代人が考える綿（コットン）とは別の植物から採取した繊維であると**考えられます。

その植物とはカジノキ（梶）やコウゾ（楮）。どちらもバラ目クワ科コウゾ属の樹木で、原産地は不明ですが日本列島や中国、台湾に分布し、日本列島では中部地方南部以西の本州、四国、九州、沖縄地方の山谷に分布し、自生しています。この木の樹皮は繊維が強く、古代から主に和紙の繊維原料とされてきました。また、これらの樹皮を剥いで蒸した後に、水に晒して白色にした繊維で織った布のことを木綿《ゆう》と呼んでいました。

魏志倭人伝に書かれている綿とは、このカジノキ（梶）やコウゾ（楮）の樹皮を原料とした木綿《ゆう》のことではないかと思われます。このように、日本では古代より様々な植物の繊維が布や紙の原料として用いられていたようです。このような優れた技術は古代日本人が独自に編み出したものだと考えられますが、もしかしたら渡来人によってもたらされたものもあるかもしれません。古代エジプトにおいて文字の筆記媒体として使用されたパピルスは、アシ（葦）などの数メートルの高さがある草の茎の表皮を剥いで取り出した繊維で作られた紙ですから。ちなみに、四国、特に四国山地は和紙や紙幣の原料となるコウゾ（楮）の一大産地でした。最近は価格の安い外国産のコウゾが輸入されるようになってきたので生産量は激減していますが、高知県手すき和紙協同組合の報告によれば、現在でも国産のコウゾのうち40〜45パーセントが高知県で作られていると言われています。

また、文中に「その土地には、牛、馬、虎、豹、羊、鵲《せき》はいない」という一文があります。そこに出てくる鵲とはカササギのことです。

カササギは、スズメ目カラス科に属する翼を広げると幅が60センチほどになる比較的大型の留鳥《りゅうちょう》で、別名をカチガラス、もしくはコウライガラス（高麗烏）といいます。標高100メートル以上の山地には生息せず、人里を棲家《すみか》とし、人里の大きな樹の樹上に球状の巣を作り繁殖します。コウライガラス（高麗烏）の名のとおり朝鮮半島では極々身近な鳥で、吉兆の鳥とされ、韓国では国鳥とされています。そのため、朝鮮半島にある帯方郡からやって来た役人は、牛、馬、虎、豹、羊という獣に混じってわざわざ鵲、すなわちカササギという鳥のことを取り上げて、「鵲はいない」と報告したのだと思います。

このカササギ、日本では北海道、新潟県、長野県、福岡県、佐賀県、長崎県、熊本県で繁殖が記録されており、秋田県、山形県、神奈川県、福井県、兵庫県、鳥取県、島根県、宮崎県、鹿児島県の各県、島嶼部では佐渡島と対馬で生息が確認されているとされています。

日本列島では主に九州北部をはじめとする日本海側にしか生息していない鳥で、生息地ごと天然記念物に指定されています。ちなみに、カササギは佐賀県の県鳥で、佐賀県にあるサッカーのJリーグのチーム「サガン鳥栖」のエンブレムやマスコットにも使用されています。生息分布が現在とは微妙に異なるかもしれませんが、昔いた鳥が絶滅していなくなることはあっても、昔いなかった鳥がその後そこに生息するようになって、おまけに生息地を定めた国の天然記念物、さらには県という自治体を代表する県鳥にまでも指定されるというのはよっぽどのことです。

このことは、九州北部に邪馬壹国はなかった……ということを意味するのではないかと私は思うのですが……。

このカササギ、標高100メートル以上の山地が多い四国ではこれまで生息が確認されておりませんし、私も見たことがありません。もちろん、四国には野生の牛や馬、虎、豹、羊も生息しておりません。魏志倭人伝に邪馬壹国には〝いる〟と書かれている猿と雉は、四国の山のほうに行くと今でも時々見かけます。我が家には母方の祖父が亡くなった時に私が形見分けで貰った雉の剥製が飾られています。母方の祖父は愛媛県西条市《さいじょうし》(旧・周桑郡丹原町《しゅうそうぐんたんばらちょう》)の出身で、自分で獲った雉があまりに綺麗だったので剥製にしてもらったものを、自慢気に最初の孫である私に見せてくれていましたから。

鉱物資源からの考察

このように**魏志倭人伝には、倭国の土地は一年中裸足で過ごせるほど温暖であること。稲や紵麻（苧麻、カラムシ）を植え、桑で蚕を飼って紡績を行い、麻糸・絹・綿を産出すること。冬でも夏でも生野菜を食べること……**などが書かれています。この文章を読む限り、邪馬壹国が四国にあったことを否定するものは何一つ見つかりません。さらに、この魏志倭人伝の第2部「倭国の風俗」にあたる部分の続きには、邪馬壹国をはじめとする倭国が四国にあったことを裏付ける極めて決定的な一文がいくつか書かれています。

鉄

まずは「武器には矛、盾、木の弓を用い、弓の下部を短くして上部を長めにしている。竹の矢に鉄鏃《てつぞく》や骨鏃《こつぞく》を用いる」がそれで、ここに出てくる〝**鉄鏃**《てつぞく》〟という文字に注目しました。

鉄鏃とは、文字どおり鉄でできた矢じりのことです。矢じりに鉄を使うことにより、矢の飛距離（射程距離）は抜群に伸びますし、命中精度も殺傷能力も格段に向上します。3世紀当時だと最新兵器とも言える武器でした。一般的に鉄器は青銅器とほぼ同時に弥生時代に日本列島に流入してきたと言われています。

しかしながら、その材料や器具は長らくもっぱら中国や朝鮮半島からの輸入に頼っており、日本で純粋に砂鉄・鉄鉱石から鉄器を製造できるようになったのはたたら製鉄の原型となる製鉄技術が朝鮮半島から伝来し、技術が確立した6世紀の古墳時代に入ってからである……と考えられてきました。

しかし、魏志倭人伝が編纂されたのは西暦２６６年です。すなわち、**6世紀より随分前の3世紀に、すでに邪馬壹国では鉄がふつうに使われていた**ということになります。それも戦闘において、消耗品とも言える矢じりに鉄を使用するということは、当然のこととして刀剣類にも鉄（あるいは青銅などの金属）がすでに使用されていたものと推察されます。

徳島県から鳴門海峡を隔てた淡路島の北部に五斗長垣内遺跡《ごっさかいといせき》（兵庫県淡路市黒谷）という遺跡があります。この五斗長垣内遺跡は、弥生時代後期の紀元1世紀ごろからおよそ１５０年間にわたり存在したと考えられる日本列島最大規模の鉄器生産集落の跡です。

五斗長垣内遺跡は鉄器生産工房として使われたと思われる竪穴式の建物23軒から成っており、うち12軒からは鉄を加工した鍛冶炉の跡などの遺構が確認されていて、また石槌や鉄床石、砥石など、鉄を加工するために使われたであろう石製の工具も数多く出土しています。また、私の本籍地である愛媛県今治市朝倉でも近年のしまなみ海道と松山自動車道を直結する今治道路の工事関連調査で、朝倉地区から隣接する新谷《にいや》地区にかけて約100箇所もの弥生時代の集落の跡が数多く見つかり、公益財団法人愛媛県埋蔵文化財センターと愛媛大学アジア古代産業考古学研究センターの村上恭通教授らが中心となって調査が進められています。

その調査の中で、新谷地区にある新谷森ノ前遺跡、新谷赤田遺跡、新谷古新谷《こにや》遺跡では、集落の竪穴式建物内で鍛冶炉の跡が見つかり、鉄器の生産が行われたことがわかりました。なかでも新谷赤田遺跡の鍛冶炉は、分析の結果、弥生時代中期末（1世紀頃）のもので、日本列島で鉄器生産の始まった最古段階の遺跡と位置付けられ、大きな注目を集めています。

また、香川県善通寺市にある善通寺旧練兵場遺跡は縄文時代後期から中世にかけての大集落の遺跡ですが、この善通寺旧練兵場遺跡からも弥生時代後期（1世紀頃）の鍛治炉が見つかり、そこで生産された鏃（鉄製の矢じり）や斧、刀子がいくつも出土しています。

さらに、高知県でも上ノ村遺跡（土佐市）や入野南山ノ陰遺跡（香美市土佐山田町）のような弥生時代中期末から後期（1世紀頃）にかけての鍛冶関連遺跡がいくつか見つかっています。この五斗長垣内遺跡や新谷赤田遺跡、善通寺旧練兵場遺跡、上ノ村遺跡、入野南山ノ陰遺跡のあった1世紀頃というのは魏志倭人伝が編纂された西暦266年よりも前の時代のことになります。したがって邪馬壹国で矢じりに鉄が使われていることに、なんら疑問は湧きません。実際、公益財団法人徳島県埋蔵文化財センターの調査資料によると、美馬市脇町にある拝東《はいひがし》遺跡《いせき》や徳島市国府町の矢野遺跡、同じく徳島市名東町の名東《みょうどう》遺跡、徳島市庄町にある庄・蔵元遺跡といった吉野川下流域や鮎喰川沿いの古代の海岸線に近い山裾には、弥生時代終末期から古墳時代初頭にかけて鉄器製作を行っていた痕跡が出土していますし、同様の弥生時代終末期から古墳時代初頭にかけて鉄器製作を行っていた痕跡は阿南市の加茂宮ノ前遺跡からも見つかっているようです。弥生時代終末期から古墳時代初頭というのは西暦3世紀になるので、まさに邪馬壹国、卑弥呼の時代です。

鉄の利用は、紀元前3500年頃に、隕石の中で遊離した鉄（隕鉄）や、地表に露出した鉄鉱石が山火事によって変化した鉄を地中海のクレタ島に住む人達が偶然に発見し、使い始めたことが最初だとされています。さらに鉄の人工的な精錬（製鉄）技術の発祥は、そのクレタ島近くのアナトリア半島（現在のトルコ共和国のアジア側）に暮らしていたヒッタイト人だとされています。その時期は当初は紀元前1500年頃のことだとされていたのですが、日本のアナトリア考古学研究所が中心となって行っているアナトリア半島にある遺跡の調査で、2017年に紀元前2200年から2300年の地層から世界で最も古い部類に入る人工の鉄の塊を発掘したということで話題となりました。ヒッタイト人はその製鉄の技術を武器にヒッタイト帝国を建国し、南下してチグリス川とユーフラテス川の間の沖積平野であるメソポタミア地方を征服するまでに勢力を拡大していったのですが、紀元前12世紀に海の民の襲撃により滅亡してしまいました。

その滅亡の原因は製鉄に使われる熱源である森林資源の枯渇にあったとされています。このヒッタイト帝国の滅亡により製鉄技術の秘密は周辺民族に知れ渡ることになり、エジプト・メソポタミア地方で本格的な鉄器製造が始まり、その後、ヨーロッパやアフリカに広まっていくことになります。また、ヒッタイト人の子孫たちはタタール人と呼ばれ、その後も良質な熱源を求めるようにインドや中国に向け東進を続け、その東進の過程で独自の技術的発展を遂げていきました。インドにおいての鉄器製造の開始は古く、紀元前１２００年ごろには開始されたと考えられています。

中国において本格的に製鉄が開始されるようになったのは春秋時代中期にあたる紀元前６００年頃のことであり、秦の始皇帝によって中原統一される前の戦国時代（紀元前5世紀～221年）になると鉄製の武器が使われるようになったとされています。

一方の東アジア北部では中国よりも早くに鉄器が伝わり、極東ロシアの沿海州では紀元前１０００年頃には鉄器時代を迎えたとされています。日本で発掘された最も古い鉄器は、公式には福岡県糸島市二丈石崎の石崎曲り田遺跡で１９７９年からの調査で出土した鋳造板状鉄器で、沿海州で鉄器時代を迎えたのとほぼ同じ弥生時代初期（紀元前10世紀頃）のものとされているため、私たちの世代が中学校や高校の歴史の授業で習った鉄の製造は西暦6世紀に中国から朝鮮半島を経て我が国に伝わったという歴史は明らかに間違いであり、中国と同時期かやや早い時期にタタール人（ヒッタイト人）をはじめとしたメソポタミアの民によって伝えられたと考えるほうが論理的だと私は思っています。

したがって、弥生時代後期の1世紀のものと推定される鉄器製造集落の跡が兵庫県の淡路島や愛媛県今治市、香川県善通寺市などで発見されたことになんの違和感もありません。おそらく**魏志倭人伝が編纂された3世紀頃には、鉄器は日本列島の鉄が採れるところなら、いたるところでさかんに製造されていたのではないか**……と思われます。ちなみに、日本古来の製鉄技術とされる「たたら製鉄」の〝たたら〟の語源はタタール人にあるという有力な説があります。

そこで問題となるのは、五斗長垣内遺跡や新谷赤田遺跡など、瀬戸内海沿岸地域から徳島県にかけての地域で鉄器製造に用いられた原料となる鉄鉱石はどこで採れたものなのか……ということではないでしょうか。

通説では朝鮮半島から輸入されていたとされていますが、実はその鉄鉱石が四国には豊富にあったのです。前述の邪馬壹国へのコースのうちラストの「陸行一月」の解釈のところでも話題に上げたように、四国は日本最大の断層帯である中央構造線をはじめ、御荷鉾構造線、仏像構造線、そして安芸宿毛構造線という東西を貫く４本の主要な断層帯（構造線）の非常に長い年月の間に繰り返された激しい断層活動によって形成されたところです。このうち中央構造線と御荷鉾構造線という２本の主要な断層帯（構造線）の間にある地質帯「三波川変成帯」は、地中深くにおいて生成された鉱物が中央構造線と御荷鉾構造線の激しい断層活動によって地上付近にまで押し出されてきたところで、かつては地下資源の宝庫でもあったところなのです。

その三波川変成帯は徳島県から愛媛県にかけて東西に細長く帯状に位置しています。特に愛媛県の四国中央市（旧・宇摩郡土居町）と新居浜市（旧・宇摩郡別子山村）の境界に位置する標高1706メートルの東赤石山周辺にはマントル物質と見られる橄欖《かんらん》岩《がん》、さらには橄欖岩が水を含んで変質した蛇紋岩《じゃもんがん》が広く分布しています。

また、東赤石山の西には三波川変成帯のうち三縄層《みなわそう》と呼ばれる地層には、キースラガーと呼ばれる層状含銅硫化鉄鉱石の鉱床が地表付近に集中して発見されていて、住友財閥の発祥の地として有名な別子銅山もその1つです。キースラガーは層状含銅硫化鉄鉱石という名のとおり銅を含む硫化鉄《りゅうかてつ》に富む鉱床ということで、銅を1~2パーセント、亜鉛も鉱床によっては数パーセント程度含み、その他の大部分は硫化鉄です。硫化鉄は鉄と硫黄の化合物で、立方体や八面体、十二面体といった結晶体をしており、黄鉄鉱はその代表です。結晶体をしているということは、地中深くにあった鉄の分子が、断層活動によって低温高圧型の変成作用を受けて固まり生成されたものであると考えられ、日本列島の中では、中央構造線と御荷鉾構造線という2つの大きな断層帯に挟まれた三波川変成帯ならではの鉱物であると言うことができようかと思います。

ということで、かつて四国には鉄が豊富にありました。

愛媛県を東西に走る中央構造線のすぐ南側にある三波川変成帯一帯には、別子銅山（黄銅鉱・硫化鉄）の周辺に、ほかにも佐々連《さざれ》鉱山（金・銀・銅・鉛・亜鉛・硫化鉄）、新宮鉱山（銅・鉄鉱石）、基安《もとやす》鉱山（銅）、愛媛鉱山（銅・亜鉛・磁鉄鉱）、市之川鉱山（アンチモン）など数多くの鉱山があり、採掘される金属も銅や鉄だけでなく、実に様々なものがありました。

また、伊予郡砥部町《とべちょう》には古宮鉱山（銅・水銀・マンガン・アンチモン）、広田鉱山（銅・硫黄）といった小規模の鉱山がありましたし、伊予市中山町には中山鉱山、寺野鉱山といった銅や硫化鉄が産出される小規模の鉱山がいくつかありました。

喜多郡内子町《うちこちょう》には愛媛県第2位の銅の採掘量を誇った大久喜鉱山がありましたし、佐田岬半島周辺にもいくつかの小規模な銅鉱山がありました。少し調べただけでも、ここに書ききれなかった小規模の鉱山が他にもたくさんありましたが、鉱床をすべて掘り尽くしたのか、あるいは海外からの安価な輸入品に押されたのか、上記の鉱山はすべてすでに閉山されています。

愛媛県に限らず、徳島県の中央構造線のすぐ南側にある三波川変成帯の三縄層一帯にも多くの鉱山の跡が残っています。私が邪馬壹国の中心地であったのではないかと推定している徳島県名西郡神山町周辺にも次郎鉱山（キースラガー）、名西鉱山（マンガン）、折木鉱山（キースラガー）、広石鉱山（キースラガー）、持部鉱山（キースラガー）、倉目鉱山（キースラガー）といった鉱山の跡が残っていて、このほかにも徳島県の三波川変成帯三縄層域にはいくつもの鉱山跡があります。

特に、徳島県西の霊山、高越山《こうつさん》（標高1333メートル）。徳島県民が親しみを込めて「おこっつぁん」と呼ぶこの山の東斜面に高越鉱山という規模の大きな鉱山がありました。鉱山としては明治28（1895）年に開坑。昭和7（1932）年に日本鉱業の経営となり全盛期を迎え、当時、日本鉱業が経営する鉱山の中で最大規模の鉱山でした。本坑、川田坑、久宗坑の3つの鉱区に分かれていて、約4千人の労働者が働いていたといわれています。この高越《こうつ》鉱山もキースラガー鉱床で、なかでも斑銅鉱《はんどうこう》の良好な鉱物標本を世界中に提供してきたことで有名な鉱山です。このように徳島県の

四国の主な鉱山跡

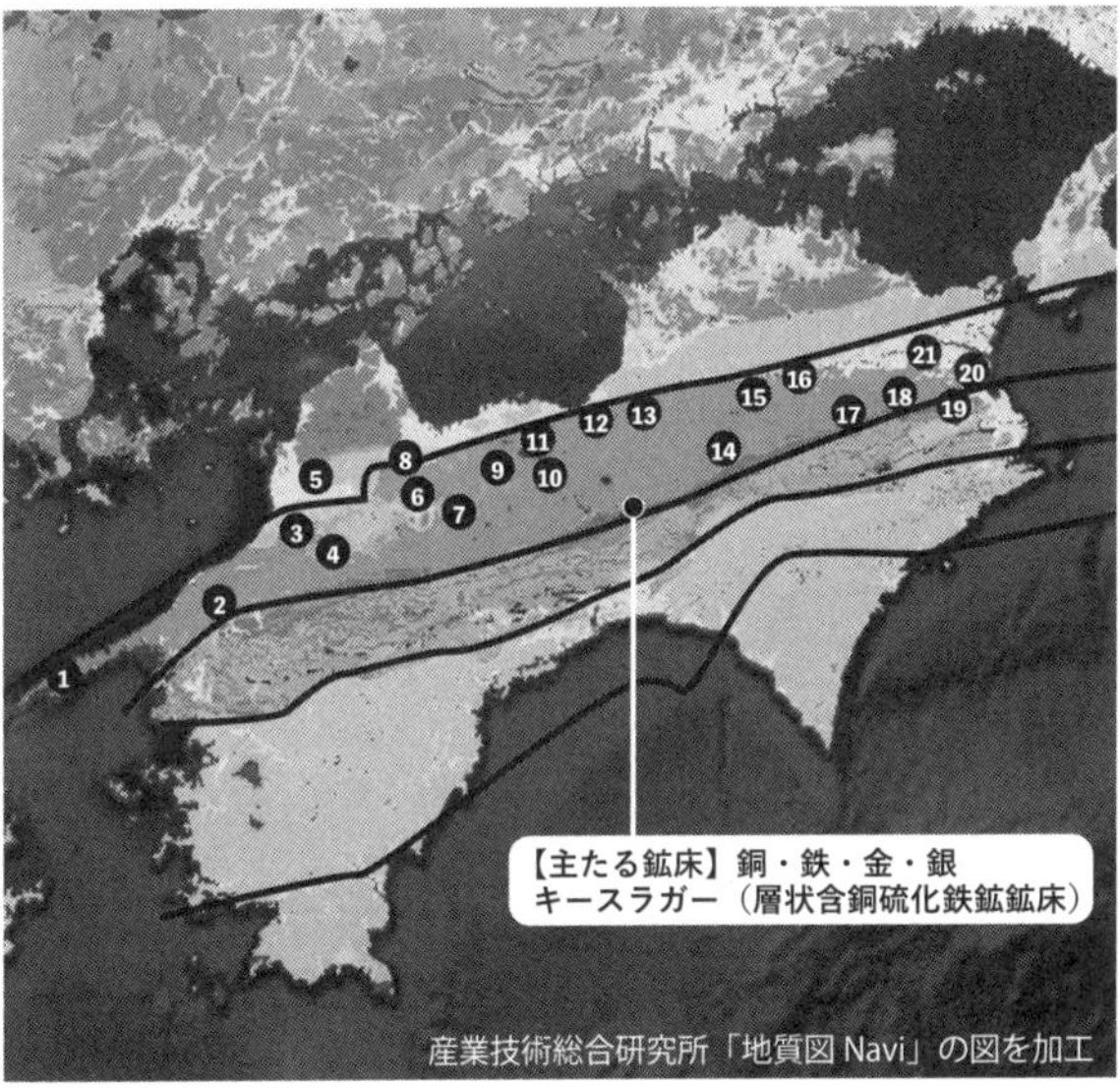

1. 高浦鉱山
2. 大久喜鉱山
3. 銚子滝鉱山
4. 古宮鉱山
5. 高浦鉱山
6. 鞍瀬鉱山
7. 明河鉱山
8. 千原鉱山
9. 市之川鉱山
10. 愛媛鉱山
11. 別子鉱山
12. 佐々連鉱山
13. 新宮鉱山
14. 祖谷鉱山
15. 東山鉱山
16. 高越鉱山
17. 広石鉱山
18. 大龍寺鉱山
19. 若杉山遺跡
20. 由良鉱山
21. 長柱鉱山

佐々連鉱山の
キースラガー

別子鉱山の
金鉱石

からみ煉瓦
別子鉱山

市之川鉱山の輝安鉱
大英自然史博物館所蔵

鉱山も鉱床の多くはキースラガー、すなわち、層状含銅硫化鉄鉱石の鉱床です。キースラガーからは銅や鉄だけでなく、金や銀も採掘されていました。これは邪馬壹国の時代も同じだったのではないでしょうか。

徳島県の拝東遺跡《はいひがしいせき》や矢野《やの》遺跡、名東《みょうどう》遺跡、庄《しょう》・蔵本《くらもと》遺跡、また淡路島の五斗長垣内《ごっさかいと》遺跡の存在がその証拠となります。おそらく、これらの遺跡ではそのあたりの鉱床で採れた鉄鉱石を原料として使っていたのではないでしょうか。鉄器生産集落の遺跡は、私が邪馬壹国の中心地であったと推定している徳島県名西郡神山町の周辺にもきっと見つかるはずだと期待しています。

また、魏志倭人伝には、邪馬壹国には7万戸もの住居があったということが書かれています。７万戸ということは、おそらく10万人を超えるほどの人が住んでいたと考えられます。それも神山町という海抜４００メートルから１５００メートル付近までの標高差がある山あいのところにです。人類は労働をする唯一の生物だと言われています。逆に言うと、人類の暮らしにおいて、労働は必須のもので、古代史の解明においても労働の側面からの分析は重要であると私は考えています。

それでは、その10万人を超えるほどの人たちが山の中でいったい何の労働をして暮らしていたのかが気になるところですが、それが鉱物の採掘だったと仮定すると、大いに納得がいきます。当時は今の時代のように岩盤破砕用の重機もダイナマイトも運送用のトラックもなかった時代ですので、鉱石を掘り出すのは手掘り、運搬するのも人力……とすべて人間の力だけで行っていたでしょうから、多くの労働力を必要としていました。さらに農業や狩猟、漁業、工具製造など、そうした基幹となる鉱物採掘に直接従事する人たちの生活や活動を支える労働をしていた人たちも大勢いたと類推されます。これだけ多くの人力を必要とした原始産業は、鉱物資源の採掘以外、考えられません。もし、**邪馬壹国の７万戸の住居に住んでいた人たちが主として鉱物資源の採掘に従事していたのだとすると、山あいの神山を中心としたエリアに７万戸もの住居があったことも含め、大いに納得する**ものがあります。

鉄や銅鉱石の採掘には膨大な人力を必要とします。例えば、住友財閥発祥の地とされる愛媛県新居浜市の別子銅山ですが、別子銅山の採掘の中心地で採鉱本部が置かれていたのは、元禄4年（1691年）の開坑以来、採鉱本部が赤石山系を越えた北側にある東平《とうなる》に移されるまで国領川の支流である小女郎川、そのまた支流の小足谷川を遡った銅山峰（標高1294メートル）嶺南にある旧別子（標高約1100メートル付近）と呼ばれる地域にありました（元の宇摩郡別子山村）。別子銅山の本山鉱床はこの旧別子の角石原（現在銅山峰ヒュッテがあるあたり）から東延一帯にあり、そこの東延坑の周辺には本敷部落を中心に、銅山川の支流である足谷川沿いの狭小な谷底や急斜面にいくつもの鉱山集落がみられました。その鉱山集落の人口は明治時代の最盛期にはなんと愛媛県内で県都松山市に次ぐ1万2千人を超え、役場や銀行・小足谷劇場や私立の住友尋常小学校もあり、目出度町には分教場も置かれて、大いに繁栄していました。ここが225年間、別子銅山採掘の中心地だったのですが、大正5（1916）年、採鉱本部が赤石山系を越えた北側にある東平に移され、今度は東平が別子銅山の採掘の中心地となり、昭和43（1968）年に別子銅山が閉山するまで大いに賑わいました。

ある程度機械化が進んだ明治の時代でもそういう状況ですので、すべての作業を人力に頼らざるを得なかったであろう3世紀の邪馬壹国の時代においては、7万戸の住居というのも考えられないことではないと思っています。魏志倭人伝を記述しているのは古代中国の人ですので、7万戸というのはかなり盛った数字だとは思っていますが、それでもかなり多くの人々がここに暮らしていたということだけは確かなようです。

ならば、次に、そんな山あいにある7万戸もの住居に暮らす10万人以上と推定される人たちの食糧はどこで確保したのかと疑問に思われる方もいらっしゃるかと思いますが、その答えはアワ（粟）だったのではないでしょうか。

アワは中央アジアからアフガニスタン、インド亜大陸北西部あたりを原産地とする穀物で、温暖で乾燥した風土を好み、〝高地〟でも栽培することができる穀物です。

「邪馬壹国の経済を支えた重要な食糧はアワ（粟）だった」。そのため、この地を粟国→阿波国と呼ぶようになった……と考えることもできようかと思います。ちなみに、名西郡神山町の周辺は、古来、「粟生《あわふ》の里」と呼ばれ、この粟生の里が阿波国の語源になったと言われています。

また、邪馬壹国では当時すでに鉄器や銅器の製造が行われていたとして、鉄器や銅器の製造・加工において欠かせない道具があります。それが砥石《といし》です。

日本列島最大規模の鉄器生産集落の跡である淡路島の五斗長垣内遺跡からも石槌や鉄床石、砥石など鉄を加工するために使われたであろう石製の工具も数多く出土しているということを書かせていただきました。砥石は、金属や岩石などを切削、研磨するための道具のことですが、砥石の利用は古く、磨製石器の製作に利用された時まで遡り、新石器時代以降、あらゆる年代の遺跡から出土し、もっとも初期の道具の一つであるといえます。

日本では縄文時代の遺跡から、石器とともに明らかに研磨に利用されて磨耗したと思われる痕跡のある砂岩などが、弥生時代には、墳墓から副葬品として鉄器とともに整形された砂岩が出土しています。日本神話においても、砥石の名を冠した有名な神様の名前があり、天照大神《あまてらすおおみかみ》を天の岩戸から誘い出すために鏡を作ったという「天糠《あまのあら》戸《と》」がそれです。この天糲戸は鏡作部《かがみつくりべ》の遠祖とされています。

この〝あらと〟とは〝荒砥〟を意味し、古代鏡作りにおいて砥石が重用されたことがわかります。砥石の原料は主に堆積岩や凝灰岩などで、荒砥は砂岩、仕上げ砥は粒子の細かい泥岩（粘板岩）から作られ、中でも放散虫の石英質（ガラス質）を含む骨格が堆積した堆積岩でできたものが最良質であるとされてきました。日本列島は複雑な造山活動（断層活動）により、地底奥深くにあることで地圧により固められた良質な砥石となる堆積物の地層が採掘可能な深さまで隆起していることが多いため、日本で採掘される砥石は良質で、古代から世界各地に輸出もされてきました。この良質な砥石を用いて日本では高度な研ぎの技術が発達したため、硬度の高い刃物を製作する事が可能になり、これに支えられ日本刀も発達し、鎌倉時代以降の武士の時代には砥石の需要が急増しました。戦乱が終結した江戸時代になると、大工ら町人にも広く普及するようになりました。

一方、中国をはじめとしたユーラシア大陸では造山活動（断層活動）が少ないため深部の地層が隆起することはあまりなく、日本ほど良質の砥石が採掘されてきませんでした。そのため、日本と比べて加工が容易で柔らかめの刃物が好まれるようになるなど、良質な砥石の有無は刃物文化に大きな影響を与えてきました。

この砥石となる堆積物の地層を採掘可能な深さまで隆起させるのに重要な役割を果たしたのが断層です。日本最大の断層帯である中央構造線が通る一帯は、古くから良質な砥石を産出することで有名なところでした。愛媛県松山市近郊の伊予郡砥部町は、200年以上の歴史がある伝統工芸品の陶磁器「砥部焼」で有名なところです。松山市の南側、重信川を挟んで隣接する町で、松山平野（道後平野）の南端に位置しています。

その砥部町に砥部衝上《しょうじょう》断層と呼ばれる断層があります。この砥部衝上断層は中央構造線の露頭部そのもので、昭和13年（1938年）に「国の天然記念物」に指定されており、また「日本の地質百選」にも選定されている大変に珍しい断層なのです。衝上断層とは逆断層の一種で、断層面の傾きが45°よりも水平に近い断層のことを指します。この砥部衝上断層の下側には、約1700万年前に堆積した久万《くま》層群という礫岩層が中央構造線の南東側の基本構造であるジュラ紀に形成された三波川変成帯の上に堆積しており、断層面を挟んだ上側はより古い約7000万年前の和泉層群という堆積岩が覆いかぶさっているという形状になっています。このような中央構造線の断層活動により、砥部町は古来よりガラス質を多く含む良質の砥石「伊予砥《いよと》」を産出するところとして有名なところでした。奈良時代に書かれた奈良東大寺の正倉院に収められている文書には、観世音菩薩像をつくる際に「伊予砥」を用いたということが記されており、古来より広く流通していたことがわかります。この地名になっている〝砥部〟ですが、これは元々は大和朝廷より砥石を採掘する職人に与えられた姓《かばね》、称号でした。その砥部と呼ばれた職人が多くまとまって暮らしていた地域が、この砥部町だったというわけです。

このような地下資源、鉱物採掘などに関する知識を、邪馬壹国、そして倭国の人々はいったいどこから得たのか？……という疑問が湧くかと思いますが、その答えもおそらく渡来人だったのではないでしょうか。

ムギ（麦）やアワ（粟）を日本列島に持ち込んできたと思われる渡来人。それもメソポタミアの民、すなわちシュメール人だったのではないでしょうか。彼らは高度な文明を持っていたとされる謎の民族ですから。

青銅

ちなみに、鉄と並んで基幹鉱物とされるのが〝銅〟です。魏呉蜀の三国が覇権を争っていた3世紀頃の中国では、まだ鉄よりも加工の容易な銅のほうが剣や槍などの武器に使用されることが多かったのではないか……と推測されます。

日本で初めて銅が使われたのは今から約2300年前の紀元前300年頃の弥生時代のことであると一般的にはいわれています。日本における銅の歴史は中国大陸から渡来したもので、当時は北九州を中心に銅剣《どうけん》・銅鉾《どうほこ》・銅鏡・銅鐸《どうたく》などの青銅器文明が栄え、その後、東日本に向けて一気に広まっていったと言われています。

この青銅製の銅鐸に関しては、平成27（２０１５）年4月に、日本列島最古かつ最大規模の鉄器生産集落であると推定される前述の五斗長垣内《ごっさかいと》遺跡がある兵庫県の淡路島で、世紀の大発見と呼ばれる発見がありました。南あわじ市松帆《まつほ》地区にある工場の一角で7点発見された銅鐸がそれです。地名にちなんで「松帆《まつほ》銅鐸」と名付けられたこれらの銅鐸の製造時期は弥生時代前～中期（紀元前3世紀～1世紀頃）。我が国で出土された銅鐸の中では最も古い時期に製作されたと位置付けられるもので、銅鐸研究を飛躍的に進展させる様々な知見をもたらしました。

まず、銅鐸にはそれぞれに舌《ぜつ》という細長い棒が伴っていました。これは銅鐸内部に吊り下げて音を鳴らすための部品で、銅鐸と一緒に発見されるのは他に例を見ないとても珍しいことです。さらに、銅鐸の吊り手や舌の一部には、吊り下げるための紐やその痕跡が残っていました。松帆銅鐸の発見によって、初期段階の銅鐸が、音を聴くための道具であったことが明らかになりました。松帆銅鐸が発見された南あわじ市は淡路島南部の、徳島県とは鳴門海峡を挟んで極めて近い距離のところにあります。

銅鐸に関しては国宝に指定されている島根県出雲市の荒神谷《こうじんだに》遺跡から出土した銅鐸や、同じく島根県雲南市の加茂岩倉遺跡から出土した銅鐸が有名で、出雲地方を中心とした島根県地方から数多く出土している印象がありますが、現在の都道府県別で見ると、最も多く出土しているのは実は兵庫県です。文化庁によると、これまでに出土した銅鐸は、全国で約500個で、都道府県別の主な出土数で最も多いのは兵庫県の68点で、2位の島根県の54点を大きく上回っています。そして、3位は徳島県の49点です。

兵庫県で出土された68点の銅鐸のうち21点は淡路島で出土したものです。かつて淡路島は徳島県に含まれていたこともありますので、その21点を徳島県に加えると70点となり、実は徳島県が日本最多の出土数となります。徳島県では弥生時代終末期から古墳時代初頭にかけて鉄器製作を行っていた痕跡が出土した矢野遺跡（徳島市国府町）や庄・蔵本遺跡（徳島市庄町）といった吉野川沿い、鮎喰川沿い、那珂川南岸において数多くの銅鐸が出土しています。さらに銅鐸と同じく銅剣、銅矛、銅戈といった武器、銅鏡、銅鉋《かんな》といった実用道具も西日本各地から多数出土しており、弥生時代の日本列島にはすでに青銅器文明が花開いていたと考えられます。それらの考古学的分析は専門家の方々にお任せするとして、私が注目したいのはそれら青銅器の製造に使われた原料のほうです。

青銅（ブロンズ）は銅を主原料としてスズ（錫）やアンチモンを含む合金です。この弥生時代に華開いた青銅器文明を作り出した原料となる銅ですが、一般的には中国大陸や朝鮮半島からもたらされた青銅器を再溶解して使われていたとされています。日本で初めて銅鉱石が発掘されたのは文武2（698）年のことで、周防国《すおうのくに》（現在の山口県東部）と因幡国《いなばのくに》（現在の鳥取県東部）から産出した銅鉱石が朝廷に献上されたことが最初とされています。日本において銅採掘の一大転機が訪れたとされるのは、奈良時代の慶雲《けいうん》5（708）年の第43代元明天皇の時代です。武蔵国秩父郡《むさしのくにちちぶごおり》（現在の埼玉県）で銅の大鉱脈が発見され、日本で初めて自国産の銅を手にすることができるようになったとされています。銅が朝廷に献上されたことによって、たいそう喜んだ元明天皇により年号が慶雲から和銅に改元され、我が国で製造された最初の金属貨幣である「和同開珎《わどうかいちん》」が発行されました。ちなみに、この第43代元明天皇の時代に藤原京から平城京へ遷都、『風土記』編纂の詔勅が行われ、先帝の時代から編纂が続いていた『古事記』が完成しました。……と、ここまでは一般的に言われている通説です。

しかし、最近になってこの通説を根底から覆す発見が相次いでいます。それが「富本銭《ふほんせん》」です。この富本銭、昭和44（1969）年に平城京跡で発見されたのを皮切りに、平成3（1991）年と平成5（1993）年にはさらに古い藤原京跡からも相次いで出土され、これにより、今まで最も古い貨幣とされてきた慶雲5（708）年発行の和同開珎よりも古い貨幣である可能性がでてきました。平成7（1995）年には群馬県藤岡市の上栗須遺跡からも1枚出土して、貨幣として広く流通していたことがわかりました。

また、平成11年（1999年）には飛鳥京跡の飛鳥池工房遺跡から33点もの富本銭が発掘され、大きな話題となりました。ということは、富本銭で使われている銅は、慶雲5（708）年に武蔵国秩父郡で発見された銅の鉱脈とは別の銅鉱山で採掘されたものであるということです。

第45代聖武天皇の発願で天平17（745）年に制作が開始され、天平勝宝4年（752年）に開眼供養会が行われた東大寺盧舎那仏像（いわゆる奈良の大仏）は、約500トンの銅が使われているとされ、少なくとも西暦600年代、7世紀の後半には我が国の産銅量がすでに一定の水準にまで達していたことを物語っています。大量に流通したであろう貨幣や、あの東大寺盧舎那仏像を製造するための素材となる銅鉱石を中国大陸や朝鮮半島から海を渡って輸入していたとは思えません。そもそも古代にそんな大型の外洋航海が可能な鉱石運搬船が建造されていたとは、とても考えられません。

四国には相当早くから鉱物が利用された形跡がたくさん残されています。第42代文武天皇の代の大宝元年（701年）に施行された大宝律令や、第46代孝謙天皇の代の天平宝字元年（757年）に施行された養老律令には鉱物採掘を奨励する事項もあり、養老2年（718年）に発見されたといわれる出石鉱山（愛媛県大洲市長浜町）をはじめ、周辺にいくつかの鉱山が相次いで発見されています。その後、近世に至るまでの採掘量、近畿地方の大和国までの距離を考えてみても、おそらく**我が国の古代の青銅器文明や銅銭鋳造、仏像製作を支えていたのは、四国の三波川変成帯域で採掘された銅**が主体だったのではないでしょうか。

前述のように、四国の三波川変成帯の三縄層においてはキースラガー（層状含銅硫化鉄鉱石）の鉱床が地表付近に集中して発見されていて、愛媛県の別子銅山、佐々連鉱山、新宮鉱山、基安鉱山、徳島県の高越鉱山、次郎鉱山、折木鉱山、広石鉱山といった鉱山があり、銅が豊富に採掘されていました。

また、我が国最古の貨幣である富本銭《ふほんせん》や和同開珎《わどうかいちん》の材質を調査したところ、材質は主に銅ですが、アンチモンを少量含んでいることが判りました。さらに、東大寺盧舎那仏像の材料を調査したところ、ここにも銅に混じってスズ（錫）やアンチモンの含有が確認されています。このスズやアンチモンは、融解温度を下げ鋳造・加工をやりやすくするとともに、完成品の強度を上げるために意図的に使用されたものであると考えられます。

私はこの**アンチモンという文字に鋭く反応してしまいました。**

アンチモンの主要鉱石は輝安鉱《きあんこう》。輝安鉱は硫化アンチモンが結晶になったものです。アンチモンはスズ（錫）や銅、鉛などと混ぜることで融解温度を下げ、鋳造・加工のしやすい合金を作ることができるので、かつては印刷の時に使う活字や砲弾・弾丸を作るために使われる重要な鉱物でした。しかしそれ以上に日本産の輝安鉱を有名にしていることは、日本の輝安鉱の鉱物標本こそ世界に誇る一級品だということです。現在、英国ロンドンにある大英博物館をはじめとする世界の有名博物館では、日本で産出した輝安鉱の巨大結晶標本が大切に展示されています。私もかつて大英博物館を訪れた際に、日本刀のように鈍く輝く1メートル近い長さの美しい輝安鉱の長柱状結晶の塊が展示されているのを観ました。

そこに「Ichinokawa Ehime Japan」と産地名が書かれているのを見て、私は大変に驚きました。その時、郷里の愛媛県に世界的に超有名な輝安鉱（アンチモン）の鉱山があることを初めて知ったのです。

四国の中央構造線と御荷鉾構造線に挟まれた三波川変成帯のうち三縄層と呼ばれる地質帯には、大英博物館に見事な結晶体の塊が展示されている市之川鉱山《いちのかわこうざん》（愛媛県西条市）をはじめ古宮鉱山、銚子滝鉱山、万年鉱山（いずれも伊予郡砥部町）といった鉱山があり、アンチモン（輝安鉱）が採掘されていました。特に市之川鉱山はアンチモン（輝安鉱）結晶の大きさや美しさだけではなく、産出量においても世界有数のアンチモン鉱床として知られていました。

また、市之川鉱山は日本の鉱山史を語るうえにおいても大変重要な鉱山で、平安時代初期に編纂された勅撰史書『続日本紀』の文武天皇2（698）年の項に記されている「伊豫国献上の白目《しろめ》」が、市之川鉱山で採掘されたアンチモン（輝安鉱）の結晶のことであるという説が根強くあります。

東大寺盧舎那仏像にもアンチモンが使用されていたということを書きましたが、東大寺盧舎那仏像は総重量が約500トンもある仏像なので、その製作に使用されたアンチモンの量も半端な量ではありません。その量から考えても、**東大寺盧舎那仏像の製作で使用されたアンチモンは市之川鉱山で採掘されたアンチモン以外に考えられません。**もし、そうであれば、市之川鉱山が、文字の記録に残っている日本最古の鉱山である可能性も出てきます。

「伊豫国献上の白目」……とアンチモン（輝安鉱）のことが記録に残っているということは、その頃には市之川鉱山ではすでにアンチモン（輝安鉱）の採掘が本格的に行われていたということであり、銅にアンチモンを混ぜることで融解温度を下げ、鋳造をやりやすくするとともに、完成品の強度を上げることができるという技術を、当時の人たちはすでに保有していたということを意味します。

また、現代ではレアメタルに分類されるアンチモンが採掘されていたということは、基幹鉱物である鉄や銅は、特に文字による記録が残っていないだけで、当時から極々ふつうに採掘されていたと推定することも可能かと思われます。ちなみに、アンチモンはかつてヨーロッパを中心に世界各地に輸出され、鉛と混ぜた合金として活版印刷の活字や砲弾、弾丸として大量に使用されたことから、四国でかつては豊富に採れたアンチモンの鉱床はほぼ掘り尽くされたと言われています。特に、第一次世界大戦と第二次世界大戦における砲弾や弾丸としての使用量が、半端ではなかったようです。このように鉱物資源は武器として使用されることが多く、国家機密として文字としての記録にほとんど残されていないのではないか……と思います。くわえて、その産地としての四国の記録も……。ちなみに、銅にスズ（錫）やアンチモンを混ぜた合金である青銅は、紀元前3000年頃、初期のメソポタミア文明であるシュメール文明で発明されました。

このように、豊富な地下資源をベースに圧倒的な国力を有し、四国から近隣諸国に徐々に勢力圏を拡大していった邪馬壹国を中心とした倭国ですが、ある一瞬の出来事により、本拠であった四国の地を放棄し、海を渡って畿内の地へと大移動をすることになります。それが、前述のとおり、西暦６８４年に発生した白鳳大地震です。この巨大地震により四国は壊滅的な被害を受け、その後、四国は歴史の表舞台からしばらく姿を消すことになったのではないでしょうか。

空白の１５０年に関する仮説

日本の古代史には「空白の１５０年」という謎の期間があります。これは魏志倭人伝が「西暦２６６年、倭の女王（臺與）が西晋に朝貢した」と記したのを最後に日本に関する記述がぷっつりと途絶え、それが復活したのが唐の時代に編纂された晋書倭人伝の中の「西暦４１３年に倭王讃が東晋に朝貢した」という記述だったので、この約１５０年間、日本列島でいったい何が起こっていたのかが全くわからない空白の期間になっているのです。

そもそも江戸時代中期の国学者新井白石や本居宣長が中国の書物である三国志の中

の魏志倭人伝に記述された邪馬壹国に着目し、邪馬壹国の場所の比定に関心を持ったのも、この『空白の150年』の謎の解明だったと思われます。そもそも国学とは、日本の古典を研究し、儒教や仏教の影響を受ける以前の古代の日本にあった、独自の文化、思想、精神世界などを明らかにしようとする学問なわけですから、それらの連続性は極めて重要な研究課題です。

すなわち、**邪馬壹国の場所の比定を行ったその先には、必ずこの「空白の150年」の謎の解明に挑戦しないといけない**……という責任があると私は考えています。

この「空白の150年」の間に倭国は劇的に変化を遂げます。邪馬壹国を中心とした都市連合国家・倭国は大和《やまと》王権へと変わり、人々の暮らしや風習にも劇的な変化が見られます。

まず、魏志倭人伝には「倭国には牛や馬はいない」と書かれていたにもかかわらず、その後の時代に作られた古墳の副葬品の中からは馬具が数多く出土してくるので、牛や馬がおそらくこの「空白の150年」の間に中国大陸から大量に輸入され、日本列島で繁殖にも成功していたということが考えられます。その輸入の目的がズバリ鉱物資源の運搬にあったとするならば、大いに納得できます。倭国から魏国に鉄や銅の鉱石を輸出する代わりに、倭国は魏国から馬や牛を輸入していたという構図です。日本在来種の馬、すなわち和種馬は、体格は小さいが体力があり、性格も大人しく穏やかという特徴があります。現在、競馬などで使われることから一般的に馬の代表のように捉えられているサラブレッドは体高が１６０～１７０センチ程度もあるのに対して、和種馬は体高が１１０～１３０センチほどしかありません。

加えて、和種馬は蹄が強く、関節も太め。頑丈な肢を持ち、首が短め、胸幅が大きい、すなわち全身が筋肉というような体形をしていて、小さい身体にも関わらず体力と、文字どおり馬力がありました。サラブレッドは、18世紀初頭にイギリスでアラブ馬などから競走用に品種改良されて誕生した馬で、例えるならとにかく速く走ることだけを目的にしたスポーツカー。一方、和種馬は四駆の軽トラックと捉えればわかりやすいかと思います。もちろん軽トラックと同様に乗用にも使いますが、主な使用目的は物資の運搬です。重量物である鉱物資源の運搬用として大量に導入され、日本列島の輸送体系を大きく変えていったのではないか……と思われます。同様に牛も運搬用に大量導入され、輸送効率が一気に上がったことから、鉱物資源の採掘や流通が進み、銅鐸をはじめとする青銅器文化や鉄器文化が日本列島全土に拡がっていくことに繋がっていったのではないでしょうか。

また、牛や馬の導入により輸送効率が上がり、省力化が一気に進んだおかげで、余剰となった人たちの大量投入による近畿地方の大規模な農地開拓が始まったとも考えられます。近畿地方で巨大な古墳が作られるようになったのは、ちょうどこの頃からです。この**鉱物資源の輸送手段としての馬や牛の導入により、一気に産業革命のような産業構造の変化が訪れた**のではないでしょうか。そして**その間に大量の渡来人が主に鉱物資源目当てに次々に倭国にやって来て、帰化・同化していった**のではないでしょうか。

魏志倭人伝には倭国の男性は全身に刺青をしていたと書かれているのに、「空白の

150年」を経た後に、突然、そうした刺青の文化が消えたのは、もしかしたら渡来人の文化が色濃く入り込んで、急激に倭国の風習も変わっていったのではないでしょうか。邪馬壹国の人たちが全身に刺青をしていた理由は、海に潜って魚や蛤を捕ることを好み、刺青はその際に鮫などから自分の身を守るためだったと魏志倭人伝に書かれていますが、「空白の150年」の間に邪馬壹国の産業構造が農業漁業中心の原始的なものから、鉱業中心のものに大きく様変わりしていったことが背景にあると考えられます。言ってみれば、鉱物資源の採掘は産業革命のようなものだったのではないでしょうか。

その産業革命をきっかけとして、**倭国は一般に古代と呼ばれる時代へと急速に変わりはじめ、それとともに様々な技能を持った職業集団が生まれ、部名で呼ばれる氏《うじ》や姓《かばね》の制定など、国家体制もその産業構造にあったものへと徐々に変化していった**のではないでしょうか。当時の人の寿命を考えると、150年という期間は7世代か、もしかすると10世代に相当し、倭国の風習が根底から変わるのには十分な期間だと考えられます。

青玉と丹

倭国（邪馬壹国）に関わる鉱物資源はこれだけではありません。ここで**注目すべきは「〝真珠〟〝青玉〟を産出する。山には〝丹〟を産出する」という一文です。**

愛媛県東南部にある宇和海は日本最大の真珠の生産地です。現在、宇和海の真珠は養殖がほとんどですが、量・質ともに日本一の真珠が採れるということは、温暖な海水とリアス式海岸の小さな入り江が連なる穏やかな宇和海が、もともとアコヤガイをはじめとする貝類が真珠を生成するのに適した極めて恵まれた自然環境にあるということです。日本は古くから真珠の産地として有名だったのですが、現在真珠の養殖で知られている宇和海や英虞湾（三重県）では古くから天然の真珠が豊富に採れていたところだったのではないか……と容易に推定されます。その宇和海（投馬国）で採れ

伊予の青石

た真珠は、おそらく現在の国道４３９号線（高知県の四万十市から四国山地の山中を東西に横断するように徳島県徳島市まで延びる道路）のルートを使って邪馬壹国の卑弥呼のもとに届けられたのではないでしょうか。

注目すべきは次の〝青玉〟です。

皆さんは愛媛県に**「伊予の青石」**、**「石鎚の青石」**と呼ばれる石があるのをご存知でしょうか。青々とした色と変化に富んだ模様が美しい全国的にも珍しい石で、古都京都をはじめ日本全国の数々の名庭園に景石として使用されています。「伊予の青石」、「石鎚の青石」の名前の通り、主に愛媛県の中央構造線と御荷鉾構造線に挟まれた三波川変成帯に分布し、三波川結晶変岩とも言われています。特に、西日本最高峰の石鎚山から流れ出る西条市の加茂川流域が一番の産地で、賀茂川流域の河川で採れる川砂利や川石の中から容易に見つけることができます。西条市を流れる賀茂川や中山川の上流あたりに行くと、岩が暗い緑色をしていることに気がつかれると思います。それがこの「伊予の青石」、「石鎚の青石」です。

この青石、正式名称を緑泥片岩《りょくでいへんがん》（クロライト）と言います。アルミニウムや鉄、マグネシウムを含むケイ酸塩鉱物である緑泥石を主成分とする結晶片岩で、三波川変成帯を代表する岩石です。何億年も前に海底に堆積した土砂が大陸プレートの沈み込みによって地下20~30キロの深さに潜り込み、温度約200~300℃、約6000~7000気圧と言う比較的低温高圧の変成作用を受けてゆっくりと形成された岩石です。その地中深くにおいて形成された岩石が日本列島の背骨とも言える中央構造線や御荷鉾構造線といった主要な断層帯（構造線）の断層活動による隆起によって、さらに1

億年以上の長い年月をかけて再び地表付近に現れてきたものです。

　北西方向に進んできた密度の高い海洋プレートであるフィリピン海プレートが、密度の低い大陸プレートであるユーラシアプレートと衝突してその下に沈み込む南海トラフが四国のすぐ南の太平洋の水深約４０００メートルの深い海底にあり、さらには、そのすぐ近くに今も何億年もかけてゆっくりと隆起活動を続ける中央構造線や御荷鉾構造線といった断層帯が東西に走る四国でしか採れない美しい石なのです。

　また、愛媛県の新居浜市から西条市にかけての中央構造線に沿った三波川変成帯には、「えひめ翡翠《ひすい》」と呼ばれる大変美しい緑色をした岩石を産出する場所があります。翡翠と称していますが、正式な鉱物名としては含ニッケル珪質片岩と呼ばれ、残念ながら宝石の翡翠（硬玉《こうぎょく》）とは全く異なる種類の鉱物なのですが、翡翠と非常によく似た美しい緑色を呈していることから「えひめ翡翠」と呼ばれ、翡翠（硬玉）に比べて硬度が低く（柔らかく）、大きく、勾玉《まがたま》などへの加工が容易なことから、古代には翡翠の代用品として、むしろ重宝がられたようです。

一般に「翡翠」と呼ばれる岩石は、鉱物学的には化学組成の違いから「硬玉《こうぎょく》（ジェダイト：ヒスイ輝石）」と「軟玉《なんぎょく》（ネフライト）」に分かれます。実は中国では軟玉しか採れず、古代中国では軟玉の翡翠が価値ある宝石とされ〝玉《ぎょく》〟と呼ばれてきました。

「えひめ翡翠」はその「軟玉」に類するものと捉えればよろしいかと思います。翡翠の名称に相応しく鮮やかな緑色を発色する素になっているのが金属のニッケルです。実は宝石の翡翠も化学的に純粋なヒスイ輝石の結晶は無色で、翡翠はこのヒスイ輝石の細かな結晶の集まりのため白色となります。翡翠が鮮やかな緑色などの様々な色を持つのは、石に含まれる不純物である鉱物が発する色のためです。日本では翡翠は鮮やかな深緑色の宝石という印象が強いのですが、鮮やかな緑色のものはクロムやニッケル、落ち着いた緑色は二価鉄が発色の原因となっています。前述のように、「えひめ翡翠」は宝石の翡翠とは鉱物としては別の種類のものですが、含まれる含有物は極めて似ています。前述の「伊予の青石」、「石鎚の青石」もおそらくニッケルやクロムを大量に含んだ結晶片岩だったということなのでしょう。

いずれにしても、「伊予の青石」、「石鎚の青石」、「えひめ翡翠」……と、愛媛県は古くから美しく輝く宝石のような青緑色をした石を産出するところとして有名で、**魏志倭人伝に出てくる青玉とは、おそらくそれらの石を勾玉《まがたま》などに加工したもののこと**を指すと思われます。徳島県でも最近になって神山町の奥屋敷周辺を源流域とする吉野川水系の鮎喰川《あくいがわ》と、勝浦郡上勝町から勝浦町、小松島市を経て紀伊水道に注ぐ勝浦川の流域で「阿波翡翠」と称する石が見つかり、話題になっています。この鮎喰川も勝浦川も三波川変成帯を流れる河川であり、邪馬壹国の時代にもかなりの量が採れたものと思われます。この「阿波翡翠」も含ニッケル珪質片岩で、勾玉への加工に非常に適した岩石でした。

そして、これも鉱物資源に関することですが、**魏志倭人伝の中に書かれていることでさらに決定的なことが、「丹を産出する」という一文**です。

丹とは辰砂《しんしゃ》（硫化水銀）のことです。希少金属である水銀はこの丹（辰砂《しんしゃ》）を精錬することにより採れます。辰砂、すなわち硫化水銀は地球の内部にあるマグマや水脈の中の、約650〜1000℃、2000〜4000気圧といった高温、高圧力の環境で生成され、地殻変動（中央構造線などの隆起）によって何億年もの年月をかけて地表に押し上げられることにより徐々に温度と圧力が低下し、長い時間をかけて少しずつ結晶体に成長してできたものです。中央構造線や御荷鉾構造線、仏像構造線といった主要な断層帯（構造線）が東西に横切るように通る四国山地の一帯は、その昔、辰砂（硫化水銀）の一大産地でした。ちなみに、徳島県阿南市水井町にある若杉山遺跡からは辰砂から硫化水銀を取り出す際に用いたと思われる石臼や辰砂そのものの原石が発見されており、3世紀半ば過ぎから7世紀末頃までの古墳時代における水銀朱採取遺跡として知られています。

3世紀半ば過ぎと言えば、まさに魏志倭人伝が書かれた時代、邪馬壹国と卑弥呼の時代です。この若杉山遺跡は御荷鉾構造線付近にあります。

同じく阿南市加茂町の御荷鉾構造線付近には、約4000年前の縄文時代後期における国内最大かつ最古級の水銀朱精製遺跡である加茂宮ノ前遺跡もあります。**魏志倭**

人伝の第2部「倭国の風俗」にあたる部分には「中国で粉を用いているように、朱丹《しゅたん》を体に塗っている」という表現もありました。当時の中国では塩化水銀を用いた白色顔料、いわゆる白粉《おしろい》が化粧品として広く使われていましたが、**邪馬壹国では朱丹、すなわち赤色をした丹を体に塗っている**ということです。辰砂（硫化水銀）はまさに不透明な赤褐色の塊状、あるいは透明感のある深紅色の菱面体結晶として産出されます。おそらくそれを粉末に粉砕して体に塗っていたということでしょう。それも一般庶民が普通に体に塗っていたということは、それだけ大量に丹が採れていたことを意味しています。**徳島県の御荷鉾構造線が走っている付近は、縄文後期から弥生時代、そして邪馬壹国の時代にかけてずっと水銀朱の採掘、精製、生産を行っていた、日本列島における水銀朱文化の先進地域であった**ように思います。

魏志倭人伝の文章を読むと「出真珠青玉、其山有丹」と、真珠と青玉は〝出る〟という表現なのに対して、丹は〝山に有る〟という表現をしていますが、ここに微妙な差を感じます。

すなわち、真珠と青玉はたいして苦労をせずとも海や河原でいっぱい採れる、言ってみれば〝拾える〟というような意味であり、丹は山にあるのだけれど、手間をかけて掘り出し、精錬しないといけないという意味の微妙な違いなのではないでしょうか。

もし、そうだとすると、魏志倭人伝を含む三国志を西晋の初代皇帝・司馬炎（武帝）に命じられて編纂した陳寿は、博識で文才がある相当実務能力の高い人物だということができます。おそらく現代に生きていてもトップクラスのビジネスマンになっていたのではないでしょうか。

もうこれは論理的に否定しようもない決定的な証拠になりますね。状況証拠が恐ろしいくらいに揃いすぎています。この**「真珠と青玉と丹を産出する」という一文の存在だけをもってしても、もうこれだけでも邪馬壹国をはじめとする倭国は四国にあったと言わざるを得ません！**　むしろ、邪馬壹国があった場所を特定するためには、まず「海に囲まれた島の中にある周囲が400～500キロのところで、海を挟んで東に約80キロ行ったところに比較的大きな陸地があり、温暖で、稲や苧麻（カラムシ）

を植え、桑で蚕を飼って紡績を行い、麻糸・絹・綿を産出することができるところ。また、冬でも夏でも生野菜を食べることができ、裸足で過ごすことができるところ」の中から「カササギが生息していなくて、鉄と真珠と青玉と丹を産出する場所」ということで大まかな候補地を選び、その場所の中から最初に述べた邪馬壹国までの旅程を当てはめて、さらに詳細な場所の特定を行う……といったアプローチのほうが論理的で、より近道なのではないのか……と思います。

こうした理系の人間なら通常行うアプローチを、江戸時代の新井白石以来、これまで約300年に渡り、誰もやってこなかったことのほうが、むしろ私には驚きです。

第6章

地政学的見地からの考察

倭国は同盟関係を結ぶに値する国

この鉱物資源が邪馬壹国の謎を解く重要なキーワードであるという仮説を持ち込むと、地政学的見地からも邪馬壹国が阿波にあったという説の説明が上手くできると思います。地政学とは、国の政策を、主として風土・環境などの地理的角度から研究する学問のことを言います。

魏志倭人伝を読み解く際に最も重要な視点は**「そもそも魏国はなぜわざわざ海を渡るという危険を冒してまで、遠国の倭国と国交を持つ必要があったのか？　しかも、邪馬壹国の女王・卑弥呼に対して『親魏倭王』の称号と金印まで授けているのはなぜか？」**ということではないでしょうか。

最初に書いたように、魏志倭人伝は全65巻からなる三国志の中の、魏志全30巻の第30巻「烏《う》丸《がん》鮮《せん》卑《び》東《とう》夷《い》伝《でん》」の一番最後に書かれている「倭人条」の日本での呼び名のことです。

「烏丸鮮卑東夷伝」は当時魏国と交流のあった周辺諸国や人々の暮らしなどについて書かれていて、烏丸、鮮卑、夫餘、高句麗、東沃沮、挹婁、濊、韓、倭の順番に登場し、夫餘以降が東夷《とうい》、すなわち、中華世界の東の外側に居住していた諸民族のことを指しています。

その中でも極東の島国である倭国（日本）についての記述は最後に登場してきます。このように、魏国は倭国以外にもいくつもの周辺諸国と交流を持っていました。また、魏志倭人伝の前半部分に「倭人は、帯方の東南の大海のなかにある。山の多い島で、国や村をなしている。もとは100余国であった。漢のとき中国に朝見するものがあった。いま、使者と通訳の通交をするのは、30か国である」と書かれているように、当時の日本列島にもいくつかの国があったと思われるのになぜ倭国（邪馬壹国）の女王である卑弥呼に『親魏倭王』の称号を授けたのか？　魏国が『親魏〇王』の称号と金印を授けているのは、西方の現在の新疆ウイグル自治区からウズベキスタン共和国あたりにあったとされる大月氏国《だいげっしこん》と、東方の海上にある倭国の2国だけです。これは、**倭国がそれだけ魏国にとって重要な国だった**ということではないでしょうか。

これには、次の2つの理由しか考えられません。1つは**同盟関係を結ぶに値する武力を保有する相手であった**ということ、もう1つは**魅力的な交易相手であった**ということ、これ以外に考えられません。

まず、同盟関係を結ぶに値する武力を保有する相手であったという点に関してですが、当時の魏国は呉国、蜀国と激しい戦争状態にありました。魏国としては同盟関係を結んで共に呉国や蜀国と戦ってくれる相手を探していたと容易に考えられます。共に戦わないとしても、少なくとも敵国である呉国や蜀国の味方になられては困る国と見ていたのではないでしょうか。実際、『親魏大月氏王』の称号を授けた西方の大月氏国は蜀国を抑えるのに格好の場所（挟撃できる場所）に位置する同盟相手でした。

そして、呉国を抑えるための同盟相手として目をつけたのが倭国だったということではないでしょうか。

魏志倭人伝の冒頭にも書かれている通り、当時の倭国は長期間続いた内戦（いわゆる「倭国大乱」）が卑弥呼の登場で終結したばかりで、実戦経験豊富な兵士たちが揃っていたと考えられます。また、前述のように鏃《やじり》に鉄を用いた射程距離と命中精度、殺傷能力に優れた武器を保有していました。しかもその矢を放つ弓も当時の中国にはない特殊なものだったようです。魏志倭人伝の第2部「倭国の風俗」には、倭国では「武器は矛、盾、木の弓を用い、弓の下部を短くして上部を長めにしている」という記述があります。これは倭国の兵士は現在「和弓《わきゅう》」と呼ばれているような射程の長い長弓を用いていたということを意味しているように思います。一方で、古代中国では射程の短い短弓を用いるのが一般的でした。

鎌倉時代中期の13世紀（西暦1200年代）の後半、瞬く間に中国大陸と朝鮮半島をほぼ制圧したモンゴル帝国（元）の第5代皇帝（大ハーン）クビライ（フビライ）率いるモンゴル帝国（元）とその元の属国であった高麗王国が2度にわたって行った日本侵攻、いわゆる元寇において、元が派遣してきた圧倒的な大軍団と大船団の前に大苦戦に立たされた日本の鎌倉幕府軍でしたが、一般的には神風が吹いたから日本軍は元軍の攻撃を辛くも防ぐことができたとされています。

元寇の1回目の侵攻、いわゆる「文永の役」が行われたのは、西暦に直すと1274年11月9日からのことで、神風が吹いたとされるのは西暦1274年11月26日です。11月の終わりの頃なので、台風の襲来とはまず考えられません。2回目の侵攻、いわゆる「弘安の役」が行われたのは、西暦1281年5月3日のことです。弘安の役は長期戦となり、7月30日の夜半に大型の台風の直撃を受け、総勢4400隻といわれていた軍船のほとんどが沈み、残りの船も日本軍の襲撃により壊滅しました。

このように、2回の元寇とも日本軍の一方的な勝利に終わっています。そして、そのどちらも突然の暴風雨であったり、台風であったりと、気象が勝敗に大きな影響を与えた戦いのように言われていますが、果たしてそう言い切れるのでしょうか？

それよりも、**ここで問題にしたいのが、特に2回目の「弘安の役」において、約2ヶ月もの間、元の軍隊がまともに日本列島（九州）に上陸すらできなかった**ということです。伝えられている10倍以上とも言われる戦力の差を考えると、ふつうに考えるとあり得ないことです。これは、**当時両軍が保有していた「武器の差」によるもので**あったのではないか……と考えられます。

当時の主力武器は刀剣と弓矢でした。特に弓矢。この差が大きかったのではないか……ということです。日本の弓（和弓）が他国の弓とくらべた時にまず目を引くのは、人間の身長よりはるかに長いということです。和弓の大きさは世界最大とも言われ、標準で七尺三寸（221センチ）の長さを持ちます。

一方、元軍の主力である蒙古軍は基本的に騎馬兵団で、使用する弓は騎馬兵にとって馬上での取り回しのしやすさから短い短弓が主体でした。騎馬戦においては接近しての速射が基本でしたから、取り回しのしやすさが一番に求められたわけです。当時の日本の武士が使用した和弓は、イングランドのロングボウ（長弓）と同じ複合弓（コンポジットボウ）と呼ばれるもので、最大射程400メートル、殺傷能力のある有効射程も200メートルほどもあり、かなりの性能を持っていたようです。現在、弓道で使用されている和弓は単純なロングボウの構造をしていますが、このような通常の和弓と違い、当時の武士が使用した和弓は馬上から射られるように弓の真ん中より下の部分を持って射る方式のものが使われています。

これは当時の戦の様子を描いた絵を見ると明らかです。そして、この差がどこに現れるかというと、工学的に考えても射程距離だったのではないでしょうか。すなわち、長い和弓のほうが射程距離が長かったことによるのではないか……と推測しています。岸から日本兵が放つ射程距離の長い和弓の勢いに圧倒されて、元軍の兵士の多くはなかなか岸に近付くことさえできなかったのではないか……と思われます。ほぼ互角の射程距離であったとしても、波で揺れる足場の悪い船上から射かける元軍に対して、日本軍は足場のいい陸上から狙いすまして射かけられます。どう考えてみても命中率の差は明らかです。

しかも、海を渡る遠征ということで馬を連れてこられなかった蒙古軍は得意の騎兵戦が行えず、弓騎兵でありながら白兵戦もこなす鎌倉武士はかなり脅威だったはずです。そして、こうした鎌倉武士たちの大奮闘のおかげで、蒙古・高麗連合軍を本土に上陸させることを防ぎ切ったこと。これが特に弘安の役での一方的な大勝利に結び付いたように思えます。おそらく蒙古・高麗連合軍は食料の大半を現地収奪で賄う予定だったわけです。草原の民である蒙古軍を2ヶ月以上も陸に上げさせなかったでしょうから、この2ヶ月間で持ってきた食料も底を尽き、かなりの数の餓死者を出していたのではないかと推測されます。それ以上に、厭戦気分が軍団内に蔓延して、士気が極めて下がっていたということは容易に想像できます。

魏志倭人伝が書かれた時代においても、倭国の兵士たちはすでにこの長弓を使っていたということが読み取れます。わざわざ「武器は矛、盾、木の弓を用い、弓の下部を短くして上部を長めにしている」という記述を書き記しているということは、**魏国からの使者は倭国の兵士が使う長い弓を見て奇異、そして脅威に感じたということ**ではないでしょうか。和弓の主な材料はタケ（竹）。タケはもともと熱帯系の植物で、アジアの温帯・熱帯地域といった温暖で湿潤な地域に多く分布します。北海道を除く日本列島には広く自生していました。もちろん中国にも分布していますが、それは現在の福建省や江西省、浙江省などといった中国南部に位置する各省が大部分で、魏国のあった中国北部地域にはほとんど自生はしていません。魏志倭人伝の中にも竹に関する記述がありますので、当時の倭国でも竹は豊富に繁っていたと読み取れます。

また「木の弓」という表現を使っているところにも注目すべきです。和弓の素材としては、一般的に日本に古くから自生するマダケ（真竹）のほかにハゼノキ（黄櫨）が使われます。このハゼノキも東南アジアから東アジアの温暖な地域に自生する植物です。このマダケとハゼノキを十分に乾燥させたうえで、火に掛け油脂分を拭き取り、それらを鹿皮を原料としたニカワ（膠）を接着剤として貼り合わせて作るコンポジットボウ（複合弓）です。

コンポジットボウでは複数の材料を張り合わせることにより、射程距離と破壊力を向上させています。魏志倭人伝には竹の弓ではなく、木の弓と書かれているところから、当時の倭国の兵士は射程距離の長いコンポジットボウをすでに使用していたのではないか……と考えられます。

また、「弓の下部を短くして上部を長めにしている」というのは、弓の上下の撓《しな》りのバランスを取るために素材の弾性率の違いを上手く考慮した作りにする必要があり、倭国の人はすでにかなり高度な技術力を保有していたとも読み取れます。当時は魏国をはじめとした中国でも槍や戈《か》と呼ばれるピッケル状になった鋭利な金属片を長柄の先に取り付けた武器と、弓矢が主力武器だったはずなので、射程距離と命中精度の高い弓矢を見て、さぞや脅威に思えたと思います。

このように**自国が保有していない最新かつ強力な武器と、実戦経験が豊富な兵士。魏国からの使者からすると、倭国は呉国と対峙するために同盟関係を結ぶに値する強力な武力を保有する魅力的な相手国に見えた**ことでしょうね。

倭国は魅力的な交易相手

次に魅力的な交易相手であったかどうかについてですが、これはズバリ、前述の鉱物資源ですね。何度も繰り返しますが、当時の魏国は呉国や蜀国と激しい戦闘状態にありました。そんな魏国にとって武器製造のための鉄や銅といった鉱物資源の確保は喫緊の課題です。疑問なのは「なぜ魏志倭人伝なのかと言う点」です。すなわち「なぜ呉誌倭人伝」、呉国ではないのかという根本的な疑問で、**倭国と国交を持ったのは魏国で、なぜ呉国ではなかったのか**と言う点です。呉国の首都・建業《けんぎょう》（現在の南京市）は魏国の首都・洛陽《らくよう》よりも遥かに日本列島に近いところにあるにも関わらず……です。

そこで、中国の地質図や主な鉱山の場所を確認してみて、あることに気づきました。日本ではユーラシアプレートは大きな1つの岩盤（プレート）のように思われていますが、実はユーラシアプレートはいくつかの大きなプレート（地質区）に分かれているのです。中国のプレート（地質区）は、ほぼ東西の境界線で北より、シベリアプレート、タリム・北中国プレート、中央オロジェニックベルト、南中国プレート、チベット・雲南プレート、インドプレートの6つに分けることができます。北中国プレートのあたりが、いわゆる華北平原です。

鉄や銅の鉱山・鉱脈はこの6つのプレートのうち中央オロジェニックベルト、南中国プレート、チベット・雲南プレート、すなわち中国中部から南部の地域に多く分布していて、北部のタリム・北中国プレートのほうにはあまり見られません。それは断層帯の存在が大きく関係していると思われます。地中深くに存在していた地下資源が採掘可能な地表付近にまで上昇してくるためには断層活動が不可欠なのですが、北部のタリム・北中国プレートには主たる断層帯が見られず、主たる断層帯が見られるのは中国中部から南部にかけての中央オロジェニックベルト、南中国プレート、チベット〜雲南プレートです。

魏呉蜀の3国でいうと、魏国がタリム・北中国プレートで、呉国と蜀国は中央オロジェニックベルトから南中国プレートに位置します。

すなわち、呉国と蜀国は鉄や銅といった鉱物資源の確保に困っていなかったので、倭国に興味を持たなかったのではないでしょうか。しかし、**魏国は呉国や蜀国と対抗するためにも鉄や銅といった武器となる鉱物資源を大量に確保することが喫緊の課題だったため、倭国に接近した**……ということではないでしょうか。倭国には魏国の武力を十分に賄えるだけの豊富な鉄と銅が地下に眠っていましたから。すなわち、地政学的にも鉱物資源が邪馬壹国の謎を解く重要なキーワードということが言えようかと思います。

ちなみに、三国志の魏志全30巻の一番最後の第30巻「烏《う》丸《がん》鮮《せん》卑《び》東《とう》夷《い》伝《でん》」の韓人伝の弁辰の条によると、「國出鐵韓濊倭皆従取之　諸市買皆用鐵如中国用銭　又以供給二郡」、すなわち「国には鉄が出て、韓、濊、倭がみな、従ってこれを取っている。諸市で買うときは、みな、中国が銭を用いるように、鉄を用いる。また、（当時魏国の支配下にあった楽浪、帯方の）二郡にも供給している」という記述があり、朝鮮半島南部の弁辰では鉄が生産されており、倭国とも物々交換で売買していたことが書かれています。

先ほど魏国のあったタリム・北中国プレートには鉄や銅の鉱山・鉱脈はほとんど見られないということを述べてましたが、唯一例外があって、それが朝鮮半島の付け根にあたる遼寧省の中央部にある鞍山《アンシャン》。このあたりはタリム・北中国プレートではあるのですが、断層帯が存在します。鞍山は、前漢の武帝の時代（在位期間：紀元前１４１年～紀元前87年）以来の鉄鉱石採掘と製鉄の古い歴史を持ち、現在でも中国最大の製鉄所があり、鋼都の異名を持つ都市です。武帝が神出鬼没の北方の騎馬民族であった匈奴を追い払い、中国古代史の頂点をなすほどの大領土を有する漢帝国を築いたのも、この鞍山で採れた鉄により作られた武器によるものであったとも言われています。

漢王朝（前漢・後漢）滅亡後の魏呉蜀3国が覇権を争った三国時代には、魏国に属していました。この鞍山は魏国にとっては勢力圏の東の一番端に位置しており、国力増強のため、より多くの鉄や銅といった鉱物資源を欲した魏国の人にとっては、鞍山の東にはもっと豊富に鉄や銅が眠る鉱山・鉱脈があるのではないか……と考えるのは至極自然なことだったのではないか……と私は思います。

それで、鉄や銅といった地下資源を求めて朝鮮半島にあった楽浪郡と帯方郡という2郡を支配下に置き、さらには烏丸、鮮卑をはじめ東夷諸国と国交を拡大し、ついにこの弁辰、そして倭国に至ったとも考えられます。

朝鮮半島は地下資源が豊富なところではあるのですが、現在に至るまで主要な金属鉱床が見られるのは朝鮮半島北部の中国国境に近い山岳地帯、現在の朝鮮民主主義人民共和国（北朝鮮）の咸鏡北道、咸鏡南道や黄海南道が主体で、朝鮮半島の南側の大韓民国（韓国）では、北東部の北朝鮮国境付近にある江原特別自治道でわずかに鉱山があるだけです。そして、このあたりは漢の時代から楽浪郡や帯方郡が置かれていたところで、三国志の時代には魏国の支配下に置かれていました。

すなわち、朝鮮半島の付け根にあたる遼寧省の鞍山から朝鮮半島北部にかけての一帯が、魏国における鉄や銅の一大供給源であったということのようです。

　また、かつて弁辰があった朝鮮半島南東部にも銅や鉄の鉱床の存在が最近の調査で見られるようなのですが、現在では銅や鉄を産出する鉱山はほとんど見られません。また、私が調べた限りでは、韓国においては「烏丸鮮卑東夷伝」が編纂された3世紀当時の製鉄炉の跡は見つかっておらず、どのような製鉄炉を使って鉄を製造していたのかについてはわかっていないようです。

　とすると、先ほど、韓人伝の弁辰の条に「国には鉄が出て、韓、濊、倭がみな、従ってこれを取っている」と書かれているとご紹介しましたが、もしかすると、これは韓、濊の人たちに混じって、**倭国の人間が海を渡り朝鮮半島南部にあった弁辰にまで進出していって、鉄鉱石を採掘し製鉄を行っていた**……と読み取ることもできるのではないでしょうか。

　すなわち、倭国人は鉄の採掘方法と精錬方法を知っていたということですから。そう考えると、極めて面白い解釈ができるのではないか……と私は思います。魏国の人は朝鮮半島南部の弁辰の地で倭国産の鉄や銅の存在を知り、鉄や銅といった資源をより多く確保するために、海を渡って倭国と直接強い国交関係を結ぼうとした……という解釈です。弁辰より魅力的な国と考えたのかもしれません。

ちなみに弁辰はその後新羅国の一部となり、朝鮮半島の南端付近にあった狗邪韓国の倭人居住地は任那国（伽耶国）となり、倭国の大陸（朝鮮半島）における出張所のようなところになりました。その出張所設置の目的は鉄や銅といった資源の確保と大陸の情勢調査だったのではないでしょうか。そしてその弁辰や狗邪韓国（任那国）の西側にはその後に倭国の同盟国となる百済国がありました。

ここから類推するに、**邪馬壹国・卑弥呼の時代に倭国の勢力圏はすでに海を渡って朝鮮半島の一部にまで及んでいたのではないか**と思われます。

すなわち、当時の倭国人は鉄や銅といった鉱物資源の重要性をすでに知っていたということです。それを伝えたのも、ムギ（麦）やアワ（粟）を伝えたのと同じメソポタミアからやって来た渡来人だったのかもしれません。また、魏国も鉄や銅といった武器に使うための鉱物資源を求めて周辺諸国と国交を持っていたと推察されます。そもそもなぜ「魏志東夷伝」や「魏志倭人伝」があるのか、すなわち、魏国はなぜ倭国を含む東夷諸国と国交を結ぶ必要があったのかという根本的な疑問については、倭国の視点からではなく、魏国の置かれた地政学の視点から分析する必要があるということです。そして、魏志倭人伝はあくまでも魏国の人が書き記した書物（出張報告書）であり、あくまでも魏国の置かれていた事情や、魏国の人の視点で客観的な解釈を試みる必要があるということです。

当時の倭国は進んだ法治国家

このような武力と豊富な鉱物資源に加えて、倭国の習俗についてもお話しします。魏志倭人伝には倭国の習俗に関していろいろと書かれていますが、その中に「窃盗などはせず、訴訟も少ない。法を犯した場合は、軽い場合はその妻子を取り上げ、重い場合は、一族を没収する。尊卑には様々な序列があり。互いによく服従する」という一文があります。これを読む限り、**倭国は犯罪も少なく、非常に規律のとれた穏やかな国**だったようです。すでにある程度の法治国家であり、「租税や賦を徴収し、その倉庫がある。国々には市（マーケット）があり、そこであるものとないものとを交易している」という記述からも、かなり進んだ国家統治体制、経済体制がしかれ、国の仕組みもかなり整った国だったようにうかがえます。

倭国のその豊かさの源泉となったのが鉱物資源、ムギ（麦）、アワ（粟）という寒冷期の弥生時代にも栽培可能な穀物だったと考えられます。

ここまで進んだ国家統治体制、経済体制が敷かれた国だったので、「空白の150年」の間で都市連合国家・倭国から大和王権へ大きく変貌を遂げたことも、十分に納得できます。

倭国は優れた技術を保有する国

また、魏志倭人伝の一番最後の部分には「張政らは激文を発して、壹與に告諭した。壹與は、倭の大夫《たいふ》率善中郎将《そうぜんちゅうろうしょう》掖邪狗《えきやく》ら二十人を派遣し、張政等が帰国するのを送らせた。このおり掖邪狗らは洛陽に行き、男女の生口三十人を献上し、白珠《しろだま》（真珠）を五千個、青く大きい勾玉《まがたま》二枚、異文雑錦二十匹を献上した」と書かれています。

もちろんその勾玉は青玉（伊予の青石、あるいはえひめ翡翠）を加工したものでしょう。異文雑錦二十匹とは、様々な色糸を用いて織り出された異なる柄の絹織物20反という意味ではないかと想像します。魏志倭人伝には「稲や苧麻を植え、桑で蚕を飼い、紡いで細い麻糸、綿、絹織物を作っている」という一文もありますから、絹織物も当時の邪馬壹国（倭国）の特産品だったのでしょう。

献上品は一目見ただけで自国の凄さを自慢できる、あるいは自国の魅力を誇示できるような特産品を贈るのがふつうだったでしょうから、大量の美しい真珠と、「伊予の青石」や「えひめ翡翠（軟玉）」といった青玉（含ニッケル珪質片岩）を加工した美しい勾玉、そして色鮮やかな絹織物は邪馬壹国をはじめとした都市連合国家・倭国を代表するような特産品だったということがこの一文から読み取れます。

注目すべきはその前に書かれた「男女の〝生口《せいこう》〟三十人を献上し」の部分です。この生口ですが、献上ということで、一般的には奴隷のことのように読み取れてしまうのですが、果たしてそうだったのでしょうか？

当時、魏国は倭国より圧倒的に人口が多かったと思われます。魏国王にとって、30人ほどの奴隷を貰ってうれしいでしょうか？　私は魏志倭人伝を原文で読んだ時、この生口の解釈に「どういう意味なんだろう？」と、大いに悩みました。

悩んだ末に至った結論は、**生口とは技術者や職人のこと**じゃないのか……ということでした。魏国の人は倭国の持つ優れた技術力に驚き、倭国の技術を持ち帰りたかったのではないでしょうか。もちろんその技術力も、前述の長弓という武器の製造方法だけでなく、ムギ（麦）やアワ（粟）の栽培方法、さらには鉱物資源の利用方法といったメソポタミアからの渡来人によってもたらされたと考えられる各種の優れた技術力だったのではないか……と考えられます。そうなると、古代、中国大陸や朝鮮半島からやってきた人たちが優れた技術をもたらし日本を発展させた……という従来の歴史の通説がそもそも間違いで、実際は真逆だったということになります。

瀬戸内海の中ほどにある芸予諸島の島々を渡って広島県尾道市と愛媛県今治市を結ぶしまなみ海道（西瀬戸自動車道）において、愛媛県の大三島と県境でもある多々羅大橋で繋がっている広島県側の島に、その名もズバリ「生口島《いくちじま》」という島があります。その名称が非常に気になったので、現地に行って調べてみたのですが、**生口島の名称の由来としては諸説あるものの、その中に魏志倭人伝に出てくる生口から付けられたという説もある**のだそうです。

すなわち、邪馬壹国が魏国への朝貢に連れて行く生口をこの地にしばらく滞留させていたとされることから、生口島と呼ばれるようになった……という有力な説があるという話を現地でお聞きしました。

そうだとすると、しばらく「滞留させていた」のではなく、**「ここから連れて行った」**と考えるほうが正しいのではないでしょうか？　そして、**連れて行った（派遣した）のは、おそらく造船技術者だった**のではないでしょうか。

生口島を含む芸予諸島《げいよしょとう》一帯は水軍の本拠地で、生口島に隣接する愛媛県の大三島は日本総鎮守である大山祇神社が鎮座し、古代から神の島と呼ばれてきました。日本総鎮守ということは、その名のとおり外敵から自国を守る防衛のために作られた神社。当時も今も外敵は必ず海を渡ってやって来るわけですから、この大三島を中心に倭国水軍が整備されていたことは想像に難くないところです。おそらく、この芸予諸島一帯の島々は大和王権を守る上で極めて重要な最終防衛ラインだったのではないでしょうか。

その大三島には御神木である樹齢約2600年の「乎千命《おちのみこと》御手植の楠」や樹齢約3000年と言われる大楠「生樹《いさき》の御門《ごもん》」をはじめ、クスノキ（楠）の巨木群が生い繁り、日本最古の原始林社叢として国の天然記念物に指定されています。

　クスノキは暖地の常緑樹で、日本列島では、主に関東地方南部以西から本州の太平洋側、四国、九州・沖縄に広く見られます。特に九州に多く、生息域は内陸部にまで広がっており、生息割合は、東海・東南海地方、四国、九州の順に8パーセント、12パーセント、80パーセントとなっています。

　人の手の入らない森林などでは見かけることが少なく、人里近くに多く見られることから、自生していたものかどうかは不明です。世界的には、台湾、中国南部、朝鮮の済州島、ベトナムといった亜熱帯の暖地に自生していた樹木で、それらの地域から日本に有史以前に持ち込まれて帰化した、すなわち3000年以上も前にある目的を持って植えられた樹木であるのではないか……と推定されます。

　その目的とはおそらく造船です。クスノキは耐湿・耐久性に優れ、防虫効果があり、巨材が得られるという長所から、古来より船の材料として重宝にされてきました。すなわち、**倭国当時も大三島や生口島には優れた造船技術者が数多く暮らしていた**のではないでしょうか。クスノキは亜熱帯の暖地に自生する樹木なので、中国大陸の北部、魏国のあったあたりには自生していなかったと思われる樹木です。しかも魏国は一部黄海あたりで海に接している部分はあるものの基本内陸国で、とても優れた造船技術を持ち合わせていたとは考えられません。呉国と戦争状態にあった魏国にとって、海軍の強化は避けて通れない必須事項で、倭国の造船技術は、なんとしても取り入れたい先端技術だったのではないでしょうか。

これまで海を渡って渡来人が大量に倭国にやって来ていたのではないかということを何度も書かせていただいていますが、倭国の海軍力もその渡来人が乗ってきた船から技術を習得して、当時としては大型の艦船の建造も含め、それなりに整備されていたのではないか……と推察されます。

実際、倭国はそれまでに何度も海を渡って魏国に朝貢を行っていましたし。現在の中華人民共和国吉林省通化市集安市に存在する石碑「広開土王碑」の碑文は4世紀末から5世紀初頭の朝鮮半島史や古代日朝関係史を知る上での貴重な一次史料であると言われていますが、それによると、「辛卯年（西暦391年）、倭国が百済と新羅を破り臣民とする。393年には倭国が新羅の王都を包囲する」と書かれています。西暦391年ということは三国志が編纂されてから百年ちょっと後のことです。

このように、魏志倭人伝が編纂された百年ちょっと後には、倭国は大軍を朝鮮半島に送り込んで百済国と新羅国を征服しているわけです。さらには邪馬壹国の時代から約400年後の西暦663年に起きた日本の古代史史上最大の対外戦争である「白村江の戦い」では、百済国救済のために700艘を超える大船団だったと言われる倭国海軍が朝鮮半島に渡って、唐・新羅連合軍と激しい戦闘を繰り広げています。したがって、邪馬壹国の時代にも呉国に進撃可能なくらいの造船力と海軍力を保有していたことは十分に考えられます。

このように地政学的に見ても、当時の魏国にとって、倭国は「親魏倭王」の金印を授けるに相応しい極めて魅力的な国交相手国だったと言うことができようかと思います。私は魏志倭人伝だけでなく、「烏丸鮮卑東夷伝」全体も目を通してみましたが、烏丸、鮮卑をはじめとした他の8国との比較において、倭国に関する部分（いわゆる魏志倭人伝の部分）が一番好意的な内容に書かれているように感じています。蔑むような事項は一切書かれていません。

三国志は魏志（魏書）30巻、蜀志（蜀書）15巻、呉志（呉書）20巻の計65巻からなる書物で、約37万字が書かれています。このうち魏志（魏書）は本紀4巻と列伝26巻からなります。その列伝26巻の一番最後、魏志30巻の一番最後が「烏丸鮮卑東夷伝」。その「烏丸鮮卑東夷伝」の一番最後の「倭人の条」でやっと登場します。

三国志は全65巻で約37万字ということですので、1巻あたりだと平均で約５７００字。「烏丸鮮卑東夷伝」の文字数を数えたわけではありませんが、もし「烏丸鮮卑東夷伝」の文字数が三国志の1巻あたりの平均の約５７００字だとすると約35パーセント。9ヶ国のことが書かれた中での35パーセントなので、これはもう破格と言ってもいい扱いと言えようかと思います。

もしかすると、あの**初代皇帝曹操が率いた魏国は、価値を共有する最大の友好国と**

して、倭国に期待していたのかもしれません。そうでないと、魏国の皇帝が海を渡った先の遠い島国で、「烏丸鮮卑東夷伝」の中でも一番最後に登場する倭国（邪馬壹国）の女王・卑弥呼に対して、「親魏倭王」の称号と金印を授けたことの説明がつきません。倭国、卑弥呼にとってもこの鉱物資源を守るために強大な軍事大国であった魏国と同盟関係を結ぶことは、安全保障上、極めて重要なことであったでしょうから、この称号の持つ意味は絶大なものだったのではないかと思われます。

同じく地政学的に見て、倭国にとっての最大の脅威は、他ならぬ魏国による侵略であったとも推定されますから。実際、朝鮮半島で豊富に銅や鉄を産出した楽浪郡と帯方郡の2郡は魏国の支配下に置かれていました。そして、おそらく倭国に豊富にあったであろう鉱物資源のことに関しては、文書には一切残さず、口頭での報告にとどめたのではないでしょうか。鉱物資源は重要な軍事物資なだけに、倭国のみならず魏国にとってもその存在は国家機密であったでしょうから。ここは編纂者・陳寿の配慮なのかもしれません。

ちなみに、鉄や銅、青玉（含ニッケル珪質片岩）、丹（硫化水銀）といった地下資源の宝庫であった三波川変成帯ですが、日本列島で三波川変成帯が最も顕著に現れているのが、四国を東西に横切る中央構造線と御荷鉾構造線に挟まれた一帯、すなわち、徳島県から愛媛県にかけての山岳部です。ここには四国を東西に横切るように幅約30キロにわたって三波川変成帯が地表に露呈しています。隣接するとは言え、九州地方や近畿地方には、三波川変成帯はほとんど見られません。

よって、倭国は四国、そして倭国の中心地であった邪馬壹国は現在の徳島県名西郡神山町付近にあった！……と十分に推定できようかと思います。

終章

結論　邪馬壹国は
阿波にしかありえなかった

剣山の麓、神山町という答え

以上が、邪馬壹国が阿波にあったとする私の仮説です。

始めた当初は正直半信半疑、と言うか、実はほとんど信じていませんでした。邪馬壹国や卑弥呼のことが書かれている文献と言えば魏志倭人伝なので、まずは魏志倭人伝を原本ですべて読んでみようと軽い気持ちで思い、原文に目を通してみました。その時に目に止まったのが**鉄鏃と真珠、青玉、丹という4つのキーワード**でした。それらを目にした時、「エッ⁉」と強い衝撃を受け、最初にくわしく読んでみたのが、そのキーワードが載った中盤の「第2部　倭国の風俗」が書かれた部分でした。

私は**「社会の最底辺のインフラは地形と気象」**という基本的な考え方を持っていますから、まずはゴールとなる邪馬壹国の風土を知るところから始めたわけです。そこを読んでいくうち、これまで述べてきたように**「魏志倭人伝に書かれた邪馬壹国の地**

理的条件、地質的条件、気候的条件にこんなにピッタリ合致する場所は、日本中探しても四国の三波川変成帯域付近しかない！」と確信に近いものを感じて、それでは次にそれを検証してみようと第1部にあたる部分に書かれている「邪馬壹国への道程」の読み解きに取りかかったわけです。

ゴールにある程度確信が持てていないと、いくら邪馬壹国までの道程について長い時間をかけて真剣に考えてみたとしても、最後は無駄な徒労に終わるというものですから。その道程の解析も逆から行いました。これまで邪馬壹国のあった場所の特定に取り組んで来られたそれこそ何百人、何千人もの歴史学を専門となさっている歴史学者の先生方や歴史マニアと呼ばれる方々とは根本的に異なるアプローチでこの日本の古代史最大の謎の解明に取り組んでみようと思ったからです。

それで、朝鮮半島にあった帯方郡や狗邪韓国から邪馬壹国への道程の読み解きに関しても、実は逆から、すなわち後ろ（ゴール）の徳島県神山町から逆に辿ってみる……という逆からのアプローチでした。始点と終点が明らかになっているのであれば、後はその両地点を繋いでいけばいいだけのことですから簡単なことです。

最初に取り組んだのは、**旅程の一番最後に書かれている投馬国から邪馬壹国に至る「陸行一月」の謎の解明**でした。それも邪馬壹国側から、地形や海潮流などの自然の条件を十分に意識しながら。地図を見ると、邪馬壹国の中心部があったと比定される徳島県神山町を通る国道439号線はすぐに見つかりました。この国道439号線は四国山地に沿って四国地方の中山間地域を東西に縦貫する道路で、総延長は346キロ。徳島県徳島市を起点に高知県四万十市を結ぶ道路で、神山町は徳島市の起点から30キロ弱の距離ですから、四万十市の終点までの距離は300キロちょっとということになります。1日に10キロ進むとして、まさに「陸行一月」。最大の難問と思えた一番最後の投馬国から**邪馬壹国に至る「陸行一月」の謎が一気に解けた**感じがして、**邪馬壹国は阿波、徳島県の剣山の麓の名西郡神山町付近にあったという仮説に対する確信**は、より強固なものになりました。

逆に言えば、**邪馬壹国が徳島県名西郡神山町付近にあった理由の1つとして、この**

国道４３９号線ルートという古代の街道がそこを通っていたことが挙げられようかと思います。この四国山地の山中を東西に横切る四国の背骨とも言える国道４３９号線のルートを使えば、当時倭国の中心であった四国のどこへでも最短ルートで行くことが可能であったと思われます。当時の倭国の統治において、これほど適した立地は他にありません。加えて、神山町神領《じんりょう》には卑弥呼の山城跡とされる高根山《こうねさん》悲願寺のほか、卑弥呼に関わる伝承が残る場所がいくつもあります。また、神山町からは神山銅剣と名付けられた青銅製の平形銅剣が多数出土したり、祭祀遺跡が残されていたりと、古代に栄えた場所であった痕跡がたくさん残されています。

　次に、投馬国は国道４３９号線の終点である高知県四万十市から足摺岬を回って「水行十日」で行ける場所、しかも当時、邪馬壹国に次ぐ5万戸もの多くの家があった場所ということで、かつて国造の置かれた旧波多国、平城貝塚、宿毛貝塚という日本最大規模の巨大な貝塚が残る愛媛県愛南町から高知県宿毛市にかけての一帯と比定したわけです。

その投馬国からも、魏志倭人伝に書かれている道程を逆に読み解いて行きました。

逆に道程を読み解いていくと、途中、末盧国から不弥国までの区間で一時的に陸路を使うという不思議な道程の意味、と言うか必要性（途中に関門海峡という海の難所が立ちはだかること）は、すぐに理解することができました。地形や気象が今と変わらない以上、昔の人も考えることは現代人とさほど変わりません。また、逆に読み解いていくと、**魏の使者が対馬、壱岐を経由して、日本列島の本土に最初に上陸した末盧国の場所が、広く一般的に言われている佐賀県の松浦半島、唐津市付近ではなく、福岡県の宗像市付近ではなかったか**……と比定することができました。後は朝鮮半島の帯方郡や狗邪韓国までを結ぶだけ。このように、始点と終点が明確になると、後は簡単で、私の場合は迷わず一発で繋がりました。この行程だと、魏志倭人伝に書かれている邪馬壹国への道と、距離も方角もほとんど齟齬が生じないのではないかと思われます。

ゴールとなる徳島県名西郡神山町は、まさに中国の古都・会稽東治《かいけいとうや》（中華人民共和国江蘇省宿遷市）の真東に位置します。

　邪馬壹国の場所に関して、結局、終点がわからないので、行程に関していろいろと悩まれているだけのことだと思っています。このように**『魏志倭人伝』を素直に読んで、そこに書かれているとおり論理的に考えていくと、どう考えてみても邪馬壹国は四国、それも徳島県の剣山の麓の現在の徳島県《とくしまけん》名西郡《みょうざいぐん》神山町《かみやまちょう》にあったとしか考えられない**のです。

私の立てた仮説について、いかがでしたでしょうか？　後は決定的な物的証拠を見つけ出すだけです。これに関しては、地元にお住いの方々にぜひお任せしたいと思います。

歴史学を本職になさっている専門家と称される方々からは「歴史の素人が勝手なことを言うな！」と叩かれるかもしれませんが、私は全く気にしません。タイムマシーンが開発されていないので、現代人の誰も真実をこの目で確かめてきた人はいないわけで、専門家と称される方々の説にしても、あくまでも現代に残されているものをベースとしたそれぞれの方の推理による仮説の上で論じているものにすぎません。だったら、**理系の論理的な視点によるこういう新たな仮説もあっていいのではないか……**と私は思います。

論理的な反論をぜひ寄せていただきたいと願っています。それが日本の古代史最大の謎の究明にさらに一歩近づくと思っていますから。ちなみに、日本最古の歴史書である『古事記』の冒頭を飾る「国生み神話」。そこには、伊邪那岐命《いざなぎのみこと》・伊邪那美命《いざなみのみこと》の2柱の神様が生まれたばかりの混沌とした大地を天沼矛《あめのぬぼこ》でかき回すと、矛先から滴り落ちた塩の雫が固まって「淤能碁呂島《おのころじま》」ができたと記されています。淤能碁呂島で夫婦となった伊邪那岐命・伊邪那美命は、日本列島の島々を次々と産んでいきます。その中で最初に生まれた島が淡道之穂之狭別島《あわじのほのさわけのしま》、すなわち淡路島です。次に伊予之二名島《いよのふたなのしま》（四国）、さらに順に隠伎之三子島《おきのみつごのしま》（隠岐）、筑紫島《つくしのしま》（九州）、伊伎島《いきのしま》（壱岐）、津島《つしま》（対馬）、佐度島《さどのしま》（佐渡）、最後に大倭豊秋津島《おおやまととよあきつしま》（本州）を生み出しました。この8つの島が大八島国、すなわち日本国のことです。『日本書紀』にもこの国生みについて同様のことが書かれています。このように淡路島から四国にかけての一帯は現代に繋がる日本国誕生の鍵を握る重要な場所であったことは間違いのないことで、このことからも、倭国が四国、その中心地であった邪馬壹国が徳島にあったという私の仮説の裏付けになろうかと思います。**歴史は「ファンタジー」ではなく、「サイエンス」です！**

最後に、昨年の9月に私が8年前に愛媛新聞オンラインのコラムに書いた「エッ！邪馬台国は四国にあった？」を発掘し、私を久しぶりに古代史の謎探究の世界に引き戻していただいた東京都狛江市の「さくら着物工房」代表の鈴木富佐江様、本の執筆を猛烈に勧めてくださった一般財団法人阿波ヤマト財団をはじめとした徳島県の方々、最後まで執筆を励ましてくださった多くの友人知人の方々、出版させていただくリベラル社、そして家族に、心より感謝いたします。

越智正昭

越智正昭×ヤマモトタケルノミコト
「最終結論 邪馬台国は阿波だった！」

古代四国の幹線道路、現在の国道439号線（通称酷道ヨサク）沿いの邪馬壹国の遺跡や、本書の執筆秘話を著者と徳島のラジオ番組「邪馬台国は阿波だった!?」パーソナリティのヤマモトタケルノミコト氏が紹介します。

https://www.youtube.com/watch?v=CvaGF2xcrJU

対談　越智正昭×ANYA チャンネル

著者と、人気歴史ユーチューバーの ANYA チャンネル氏との対談。本書の内容や、さらに突っ込んだ内容など、見応え十分です。

1「理系の歴史学　邪馬台国は阿波!」

https://youtu.be/_FEu9qE6Kp4

2「邪馬台国は阿波　四国誕生の謎」

https://youtu.be/A1V55TIWd6I

下記のコードかURLから動画にアクセスして、視聴してください。…………

3「気候から読み解く!邪馬台国は阿波」

https://youtu.be/HUGuo4VrK3w

4「魏志倭人伝のルートはこれだ!」

https://youtu.be/W15imqAMSgc

5「連合国家 倭国!」

https://youtu.be/hn_-tx47V6A

6「倭国!滅亡の謎」

https://youtu.be/aNPCINUmoFA

7 最終回「戦艦扶桑の謎」

https://youtu.be/dS9oGeIC64o

[著者プロフィール]

越智正昭（おち・まさあき）

1956年、愛媛県伊予三島市（現・四国中央市）生まれ。1978年、広島大学工学部を卒業後、日本電信電話公社（現・NTT）に入社。NTTデータに異動。数多くのITシステムの営業・開発に携わった後、本社営業企画部長としてグループ全体の営業改革に従事。2003年、NTTデータグループの気象情報会社である株式会社ハレックスの代表取締役社長に就任。社長在任15年間で、同社を単なる気象情報の提供会社から、気象データを活用したソリューション提供会社への大転換を行う。2018年に社長退任後は愛媛県内7つの大学におけるデジタル人材育成関連の愛媛県寄附講座の総合プロデューサーのほか、気象ビジネス推進コンソーシアムの副座長や愛媛デジタルデータソリューション協会の会長、愛媛大学大学院地域レジリエンス学環の客員教授を務めている。

装丁デザイン　蓑島亜由美（オオマエデザイン）
装丁イラスト　蓑島亜由美（オオマエデザイン）

編集人　安永敏史（リベラル社）
校正　合田真子
DTP・図版　メディアネット
営業　津田滋春（リベラル社）

広報マネジメント　伊藤光恵（リベラル社）
制作・営業コーディネーター　仲野進（リベラル社）

編集部　尾本卓弥・中村彩・木田秀和・濱口桃花
営業部　津村卓・澤順二・廣田修・青木ちはる・竹本健志・持丸孝

リベラル新書 010

サイエンスで読み解く古代史ミステリー
最終結論　邪馬台国は阿波だった！

2024年12月25日　初版発行

著　者　越智　正昭
発行者　隅田　直樹
発行所　株式会社 リベラル社
〒460-0008　名古屋市中区栄3-7-9　新鏡栄ビル8F
TEL 052-261-9101　FAX 052-261-9134
https://liberalsya.com
発　売　株式会社 星雲社（共同出版社・流通責任出版社）
〒112-0005　東京都文京区水道1-3-30
TEL 03-3868-3275
印刷・製本所　中央精版印刷株式会社

　ISBN978-4-434-34939-3　C0221

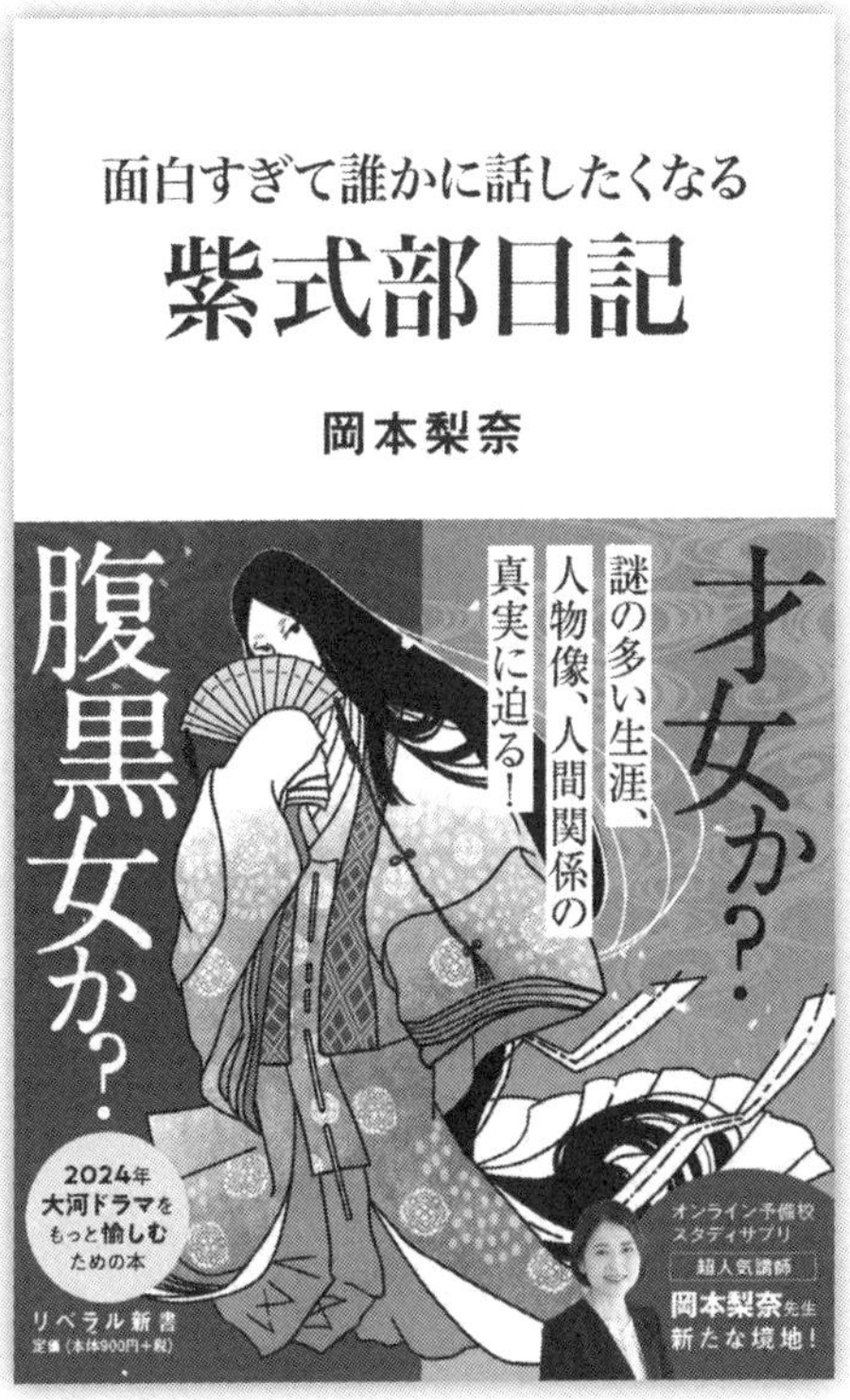

| リベラル新書006 |

面白すぎて誰かに話したくなる　紫式部日記

著者：岡本梨奈

謎多き紫式部の真実!　源氏物語の作者であること以外、あまり知られていない紫式部の素顔にせまる一冊。

スマホを手放せない
子どもたち
中山秀紀
スマホ依存が
もたらす恐るべき
危険から子どもを
守る方法とは？
睡眠障害
学力低下
不登校
多額の課金
視力低下
うつ
不安症状
リベラル新書

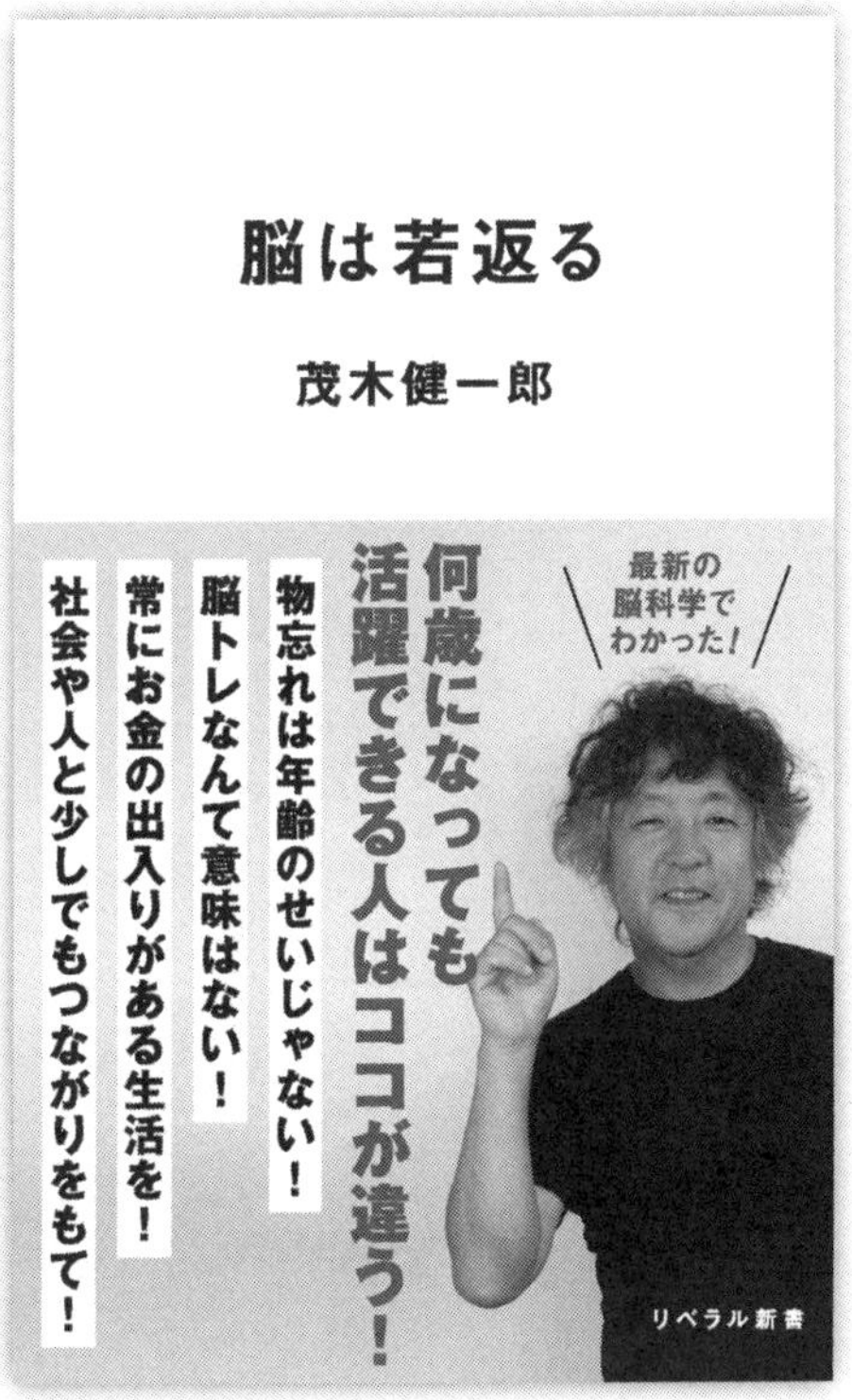

| リベラル新書001 |

脳は若返る

著者:茂木健一郎

歳を取るたびに、イキイキする人の秘訣!「脳の健康寿命」を伸ばすための「生活習慣」「お金」「人脈」「心持ち」を紹介。

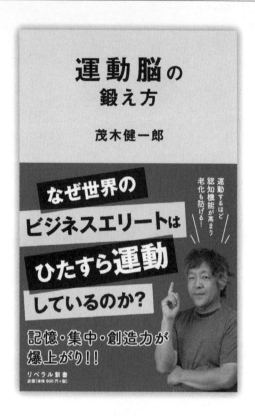